JN025095

次世代クラウドベース3DCAD

Fusion 360
操作ガイド
アドバンス編
2021年版

スリプリ（株式会社 VOST）

三谷大暁／別所智広／坂元浩二●共著

カットシステム

■サンプルファイルのダウンロードについて

サンプルファイルをダウンロードするには、巻末の袋とじ内に記されているナンバーが必要です。本書を中古書店で購入したり、他者から貸与、譲渡された場合、巻末の袋とじが欠落しているためにダウンロードできないことがあります。あらかじめご承知おきください。

■ソフトウェアのバージョンアップへの対応について

本書の内容は、2020 年 11 月時点での内容となっております。Fusion 360 はバージョンアップが頻繁に行われるため、次年版出版までのバージョンアップに伴う手順の変更等につきましては、随時スリプリブックの「書籍改訂情報」ページにて更新情報をアップデートしております。

書籍改訂情報
https://cad-kenkyujo.com/book/revision/

はじめに

　3D プリンターをはじめ、レーザーカッターや卓上 CNC などの工作機械を使用したデジタルファブリケーションが、より身近になってきました。今までのアナログな方法とデジタルを組み合わせて、新しいモノづくりが手軽にできる世界が広がろうとしています。

　しかし、3D プリンターや CNC を使った新しいモノづくりをするには、3D データを作成する必要があります。3D のソフトは一般的になじみがなく、とても難しそうでとっつきにくそうというイメージが先行しているのが現状です。

　現在、教育現場や仕事の中で 3D ソフトに触れる機会は「専門知識」として修得する以外には皆無です。今後 3D プリンターの普及と同時に、小学校の工作の時間に 3DCAD に触れることが当たり前になれば、「なんだ、3D ソフトって簡単なんだ」という認識も広がってくるかもしれません。

　私たちスリプリは、3DCAD/CAM メーカーで実務経験を積んだ「3D ソフトのプロフェッショナル」として、3DCAD は難しくないことを広めたいと考えています。文書を作成するのに Word を、表やグラフを作るのに Excel を使うように、3D データを作るのに CAD を使うことが当たり前になり、誰もがモノづくりを身近に感じることができる世界を目指しています。

　本書は、2014 年 6 月より定期開催している「スリプリ Autodesk Fusion 360 CAD セミナー」から生まれました。よりわかりやすく、より丁寧にをモットーに進化を続けてきたセミナーは、アンケートの 9 割以上で「大変満足」をいただいております。

　全国で定期開催中ですので是非ご参加ください。

　「スリプリ　セミナー」で検索！

　http://3d-printer-house.com/3dcad-campus/

　本書は初心者目線で専門用語をかみ砕いた楽しい題材を基に、基本的な機能や 3D データを作成する際の考え方を身に付けていただける内容になっています。是非楽しみながら学んでいただき、「欲しいモノをいつでも作れる」すばらしさを体験してください。

　You can MAKE Anything!!

　Let's enjoy 3D!!

Fusion 360 の特徴

Fusion 360 は、オートデスク株式会社が開発を行っている 3 次元 CAD です。オートデスク株式会社は 1980 年代から 2 次元 CAD を販売し、CAD という分野を作り上げた企業です。また、3DCG の 3 大ソフトウェアを買収するなど、CAD と CG 両方の技術に長けた企業です。

Fusion 360 はそれらの技術を利用し、クラウドベースという新しい概念を取り込んだ最新のソフトウェアです。通常は高価格帯でしか実現していなかった多彩な機能が、安価（ビジネス用途以外は現状無料）で提供されています。

Fusion 360 の動作環境

- OS：Microsoft Windows 8.1（64 ビット）（2023 年 1 月まで）、Microsoft Windows 10（64 ビット）、Apple macOS Big Sur 11.0、Catalina 10.15、Mojave v10.14、High Sierra v10.13
- CPU：64 ビットプロセッサ（32 ビット版および ARM はサポートされていません）、4 コア、1.7 GHz Intel Core i3、AMD Ryzen 3 以上
- メモリ：4 GB の RAM（内蔵グラフィックス 6 GB 以上を推奨）
- インターネット：ダウンロード速度 2.5 Mbps 以上、アップロード速度 500 Kbps 以上
- ディスク容量：3 GB のストレージ
- グラフィックスカード：DirectX 11 以上をサポート、VRAM 1 GB 以上の専用 GPU、RAM 6 GB 以上の内蔵グラフィックス
- ポインティングデバイス：HID 準拠マウスまたはトラックパッド、オプションで Wacom タブレットおよび 3Dconnexion SpaceMouse をサポート
- 依存関係：.NET Framework 4.5、SSL 3.0、TLS 1.2 以降

※ 2020 年 11 月現在
※動作環境はリリースごとに更新されます。公式ホームページより最新情報をご確認ください。

■ 特徴 1 : わかりやすいユーザーインターフェイス

ソフトウェアの使いやすさはわかりやすいユーザーインターフェイスから生まれます。各コマンドには作成できる形状のアイコンが付いており、どのような操作ができるのかを直観的に理解できるため、初心者でもなじみやすいインターフェイスになっています。

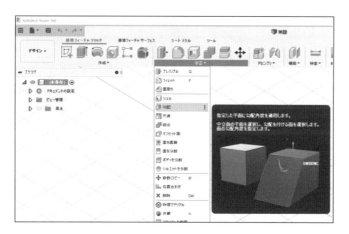

■ 特徴 2 : 多様なコマンド群

無償の 3DCAD は、無償が故にコマンドが少なくなっており、曲線を描いたりカタチを作ったりする際に多くのステップが必要になっていました。Fusion 360 は、多様なコマンドにより、より直観的に、より早く、モデルを作ることができるようになっています。

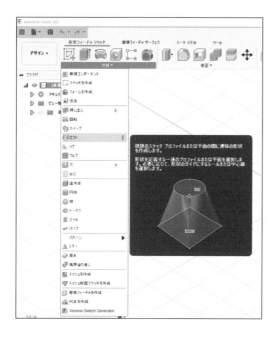

■ 特徴3：履歴管理機能

どのようにカタチを作成してきたか、という履歴情報が付いているため、いつでもカタチを編集することができます。これは一般的には高価格CADにしか付いていない「パラメトリックモデリング」という方法で、数字を変えるだけで簡単に大きさを変えたり、複雑なカタチに変更したりすることができます。3Dプリンターで造形してみたけど、ちょっとカタチを変えようかな、少しサイズが大きなものがほしいな、といったときに、無償の3DCADではデータを一から作り直す必要があることがほとんどです。Fusion 360の履歴管理機能を使うと、3Dプリンターの「すぐにほしいものが作れる」というメリットを最大限に生かすことができます。

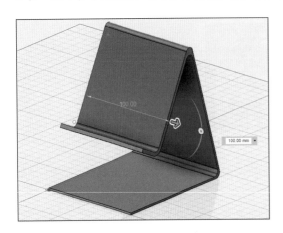

■ 特徴4：滑らかな曲面作成機能

通常、大きさの決まったモノを作るにはCAD、滑らかな曲面を持ったモノを作るにはCGという、別々のソフトを組み合わせるしかありませんでした。Fusion 360はCADが不得意としていた滑らかな曲面を作るTスプラインという新しい機能を持ち、粘土細工のように直観的な操作で滑らかな曲面を作成できるようになっています。また、大きさをきちんと決めたCAD機能との組み合わせが可能なため、2つのソフトウェアを修得する必要がなくなっています。

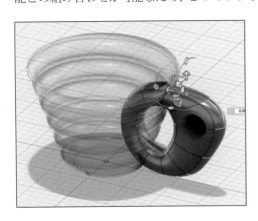

■ 特徴 5 ：板金モデル作成機能

板金モデルとは、金属の板を曲げてつくるモデルです。実際に作成できるように角には曲げが自動で入り、重なってしまう部分も自動で調整してくれます。また、板金モデルは板状のモデルに簡単に変換できるため、実際に必要な材料の形が得られます。
※本書では板金機能の使用方法はご紹介しておりません。

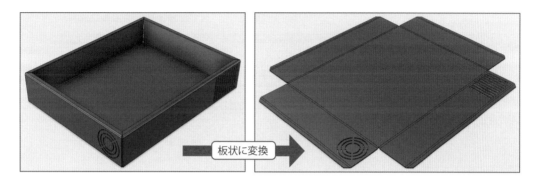

板状に変換

■ 特徴 6 ：コラボレーション機能

Fusion 360 は最新のクラウド統合型 CAD となっており、ウェブブラウザはもちろん、Android や iPhone のアプリでデータを開くことも可能です。
※本書ではコラボレーション機能の使用方法はご紹介しておりません。

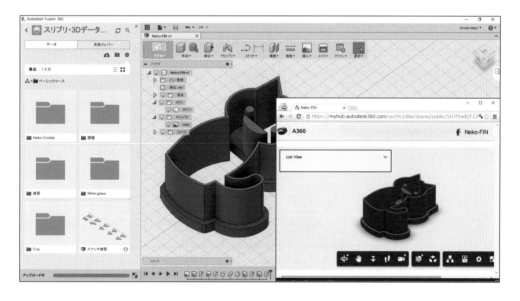

■ 特徴 7 : レンダリング機能

　作ったカタチを写真で撮ったかのようなリアルな画像で表現できる機能、それがレンダリング機能です。

　通常この機能だけで専門ソフトウェアが必要でしたが、Fusion 360 には標準搭載されています。3D プリントする前に完成イメージをつかんだり、作ったものをウェブで紹介したりする際に利用できる、非常に楽しい機能です。

■ 特徴 8 : アセンブリ機能

　複数の部品を作成する場合、組み立てた際に干渉してはまらないことがないか、可動部品を動かしたときに正しく動くか、といった検証をすることができます。Fusion 360 では一般的な3DCAD に搭載されているパーツ同士の組立機能に加え、隣接する部品を簡単に設計するための機能が多彩に用意されています。

※本書ではアセンブリ機能の使用方法はご紹介しておりません。スーパーアドバンス編を参照してください。

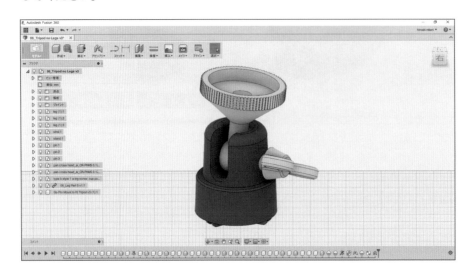

特徴 9：解析機能

設計段階で、強度が弱く壊れる可能性がある箇所や、どのように変形するかをシミュレーションすることができます。

実際にモノを作らなくても強度を強くできるため、試作の回数を減らすことができます。

※解析機能は有償ライセンスのみの機能となるため、本書では解析機能の使用方法はご紹介しておりません。

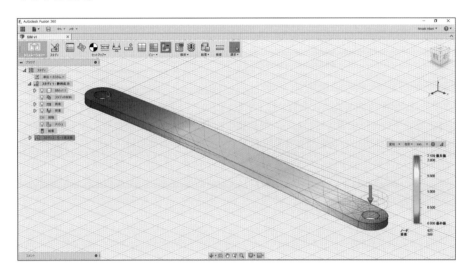

特徴 10：CAM 機能

木材やプラスチック、金属などを削ってカタチを作る CNC 工作機械を動かす頭脳となるのが CAM というソフトウェアです。通常は CAD ソフトと CAM ソフトは別のソフトになっており、それぞれのソフトを学ぶ必要がありましたが、Fusion 360 はその両方をシームレスにつないで使用することができます。

※本書では CAM 機能の使用方法はご紹介しておりません。CAM/ 切削加工編を参照してください。

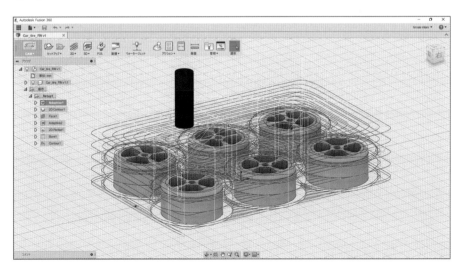

本書の使い方

　本書で使用するデータおよび課題の解答は、ウェブサイトにて公開をしております。

　以下の URL を検索し、巻末の袋とじ内に記されているナンバーを入力してデータをダウンロードしてください。

　「スリプリブック」で検索！
　https://cad-kenkyujo.com/book/

スリプリブックをご活用いただくために会員登録をお願いしております。

Fusion 360 はアップデートが頻繁に行われるため、書籍を十分に活用いただけるよう、次年版出版までのアップデート情報や有益な情報を発信しております。会員登録後、課題データのダウンロードおよび、課題解答を見ることができるようになります。また、会員登録していただくことで、本サイトに掲載されている会員限定のコンテンツのダウンロードが可能になりますので、今後の学習に是非お役立てください。

　本書は、手順を追いながら操作できる演習と、それに関連する課題が用意されています。演習を行った後、課題にチャレンジしてみてください。

　課題の解答も、上記 URL よりご覧いただけますのでご活用ください。

　本書の内容は、2020 年 11 月時点での内容となっております。Fusion 360 がアップデートされたことにより、本書の手順通りに操作ができないなどの情報もこちらのウェブサイトに掲載しておりますので、併せてご覧ください。

※本ウェブサイトは予告なく変更する可能性がありますので、あらかじめご了承ください。

公式掲示板「コミュニティフォーラム」のご紹介

　「コミュニティフォーラム」はオートデスク公式の Fusion 360 掲示板です。ユーザーが自由に質問などを書き込むことができ、オートデスクスタッフだけではなくユーザー同士で問題解決をする交流の場になっています。また、検索することもできるため、機能把握や問題解決に是非ご活用ください。

　「コミュニティフォーラム」は Fusion 360 のヘルプメニューの［コミュニティ］-［フォーラム］をクリックする事でアクセスできます。

CAD CAM CAE の使い方や最新ニュースサイト「キャド研」のご紹介

「キャド研」では、本書で紹介しきれなかった Fusion 360 の最新情報や便利な使い方の動画、すべての設定項目について説明したコマンド一覧などを公開しております。

また、Fusion 360 のエバンジェリストから Fusion 360 のブロガー、はたまたものづくり女子大生まで、様々な Fusion 360 に関する記事が読めるサイトとなっております。

本書を学んだ後のスキルアップツールとして是非ご活用ください。

「キャド研」で検索！

https://cad-kenkyujo.com/

企業向けサービス「BIZ ROAD（ビズロード）」のご紹介

　株式会社 VOST では、企業で Fusion 360 を活用いただけるよう、Fusion 360 の企業向けサービス「BIZ ROAD」をご用意しております。本書で取り上げる Fusion 360 の CAM 機能を利用し、マシニングセンタを始めとする産業用工作機械をフル活用するには、教育セミナーでの教育や、ポストプロセッサのカスタマイズが不可欠です。

　ソフトウェアを使用する技術者様の早期育成に、是非ご活用ください。

　「ビズロード」で検索！
　https://bizroad-svc.com

Fusion 360 のインストール方法

① 公式ウェブサイト（https://www.autodesk.co.jp/products/fusion-360/overview）より、「無償体験版 ダウンロード」ボタンを選択し、ダウンロードします。

② 自分が使用するライセンスのタイプを選択します。

③Autodesk アカウントをお持ちの方は、メールアドレスとパスワードを入力して「サイン
　イン」します。Autodesk アカウントをお持ちでない方は、「アカウントを作成」を選択し、
　ユーザー情報を入力します。

④「今すぐ Fusion 360 をダウンロード」をクリックします。

⑤ ダウンロードが自動的に始まります。

ダウンロードが始まらない場合は、「もう一度試してください。」をクリックし、ダウンロードします。「今すぐ Fusion 360 をダウンロード」をクリックします。

⑥ ダウンロードしたファイルをダブルクリックし、インストールします。

⑦ メールアドレスとパスワードを入力して「サインイン」します。

Fusion 360 の公式 Facebook ページでは、Fusion 360 の新機能をはじめ、「Fusion 360 Meetup」などのイベント情報などが紹介されています。

Facebook を利用されている方は、最新情報を見逃さないようにページへの「いいね！」をしてみてください。

「Fusion 360 Japan」で検索！
https://www.facebook.com/Fusion360Japan/

また、Twitter および Youtube にも公式アカウントがございます（「Fusion 360 Japan」で検索）。

Twitter https://twitter.com/Fusion360Japan?lang=ja
Youtube https://www.youtube.com/channel/UCqmZCkX0ZYFywI5RxeQht6A

本書の全体の構成

アドバンス編では、ベーシック編の内容を踏まえて更にレベルアップしたデータ作成を行います。

第1章：スケッチを作成するための平面を基準平面や形状の平面と異なる場所に作成する方法をまなび、より柔軟にスケッチを描く事を学びます。

第2章：2つのボディが組み合わさったデータを作成し、接合部の作り方を学びます。

第3章：曲がった形状の作り方と複数の箇所を連動させて変更する方法を学びます。

第4章：サーフェスモデリングという厚みのない面からモデリングする方法を学習します。

第5章：フォームモードを使いこなす練習をします。

第6章、第7章：フォームモードと通常のモデリングモード（ソリッドモデリング）を組み合わせる方法を学習します。

目次

第 **1** 章

ロボットで
作業平面について学ぼう

次の内容を学習します。

● 平面のスケッチの作成方法

● 形状の面上のスケッチ

● 平面の作成方法

1.1 この章の流れ

　この章では、ロボットを作成しながら、スケッチを作成するための平面を基準平面や形状の平面と異なる場所に作成する方法をまなび、より柔軟にスケッチを描く事を学びます。

　基準平面上にスケッチを作成し、形状作成します（1.2 節）。

　形状の面上にスケッチを作成し、形状作成します（1.3 節）。

　角度のついた平面を作成し、斜めに形状作成します（1.4 節）。

　空中に平面を作成し、形状作成します（1.5 節）。

　ロボットを仕上げます（1.6、1.7 節）。

1.2 Fusion 360 の初期設定の変更

　一般的には Z 軸を高さとした座標系がほとんどです。Fusion 360 の座標系の初期値も、Z 軸が高さ方向となっています。

　本書でも、Z 軸を高さ方向として進めますので、念のため設定を確認しておきましょう。
［ユーザー名］-［基本設定］を開きます。

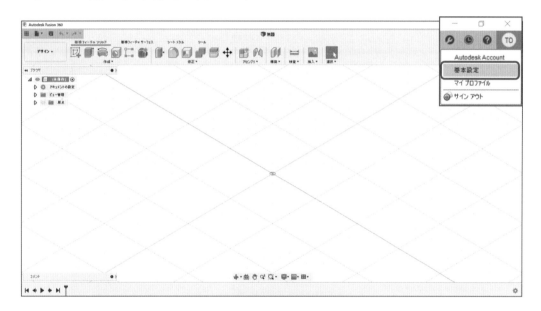

「一般」で「既定のモデリング方向」を「Z（上方向）」に設定し、[OK] で確定します。

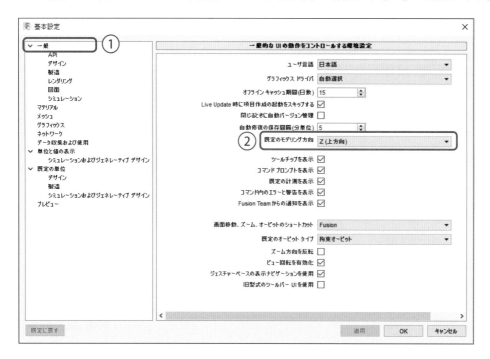

[一般] - [デザイン] の「参照された自動投影エッジ」を有効にします。

「参照された自動投影エッジ」を有効にすることで、線を描く時に利用した形状のエッジが
自動で線として作成されます。

1.3 平面のスケッチの作成

［作成］-［スケッチ作成］を選択し平面を選択します。

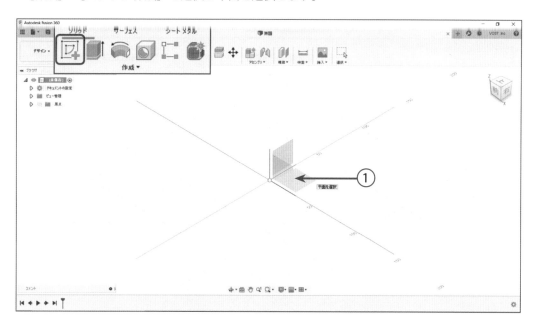

　［作成］-［長方形］-［中心の長方形］を選択します。原点をクリックした後、マウスを動かし、数値入力ボックスが出た際に数字を入力して Tab キーを押すと、鍵マークが付いて数値が確定されます。最後にもう一度 Tab キーを押すと、長方形が描かれます。ここでは、100 mm × 50 mm の長方形を描きます。

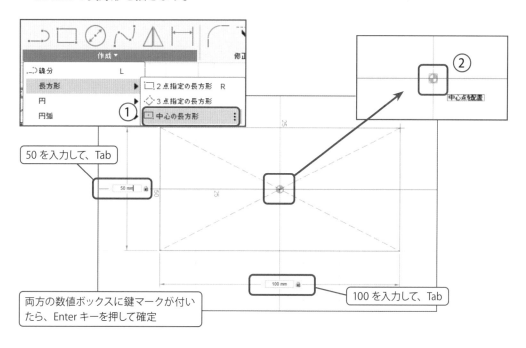

> 原点は、基準となるポイントです。基本的には、原点を作成するものの基準として利用すると便利です。

［スケッチを終了］でスケッチを終了します。

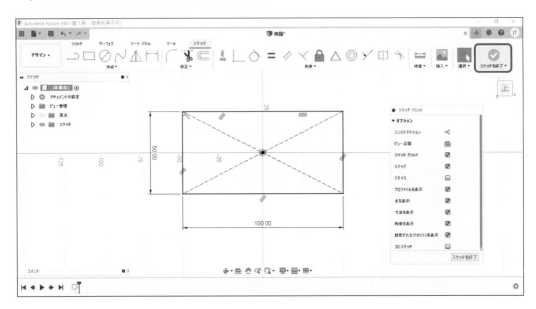

> スケッチを描いた後は、［スケッチを終了］でスケッチを終了します。
> ［スケッチを終了］は必ずしも押さなくてもよいですが、「スケッチ1」、「スケッチ2」と分かれる考え方を理解するために、必ず押して作業を進めることをお勧めします。

［作成］-［押し出し］で上方向に 20 mm の高さを付けます。

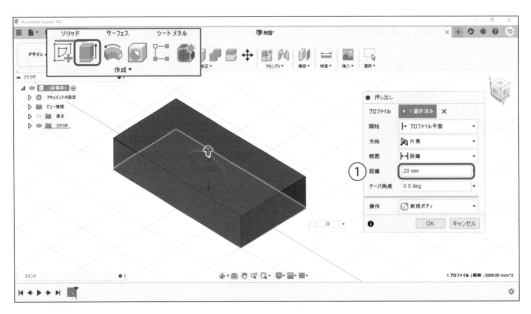

1.4 形状の面上のスケッチの作成

［作成］-［スケッチ作成］を選択し平面を選択します。

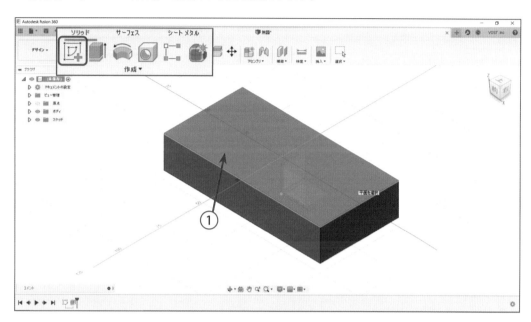

 形状の平面を選択してスケッチを始めることで、形状の面上に線を描けます。

［作成］-［長方形］-［2点指定の長方形］を選択し、2点を指定して、長方形を作成します。

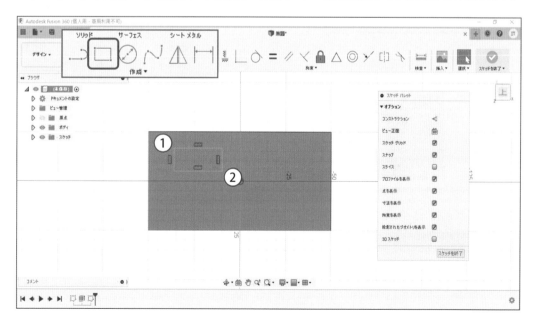

　[作成] - [線分] で、[スケッチ パレット] の「コンストラクション」を有効にし、左右対称にコピーするための線を中心に描きます。

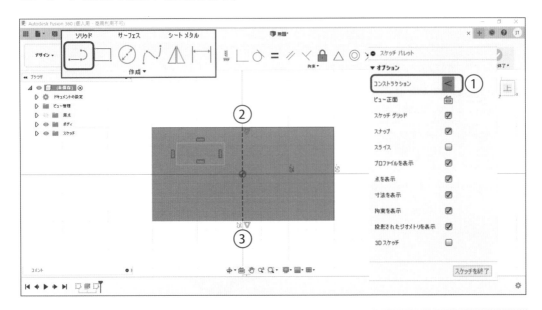

 コンストラクションにした線は、基準線となり、破線で表現されます。モデルを作る際に基準としたいが、モデル自体の輪郭線などには関係ない線は、[コンストラクション] で基準線にしましょう。

　[作成] - [ミラー] で、目の部分を左右対称にコピーします。

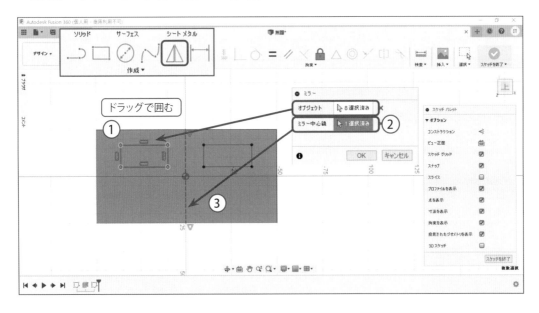

ミラーコマンドで作成したため、目の角のポイントをドラッグすると、左右同時に形が変わります。

このマークが［対称］の拘束ですので、左右対称の拘束を外したい場合はこのマークを削除します。

［スケッチ パレット］の「コンストラクション」を無効にし、［スケッチ］-［長方形］-［2点指定の長方形］で口を作成します。

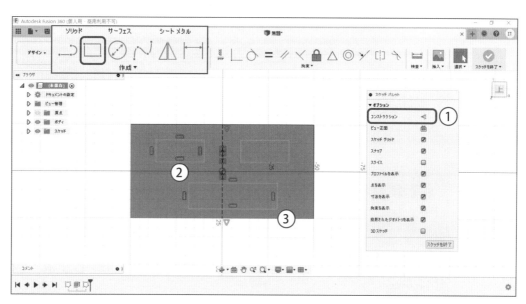

［拘束］-［対称］で、左右対称の拘束を付けます。

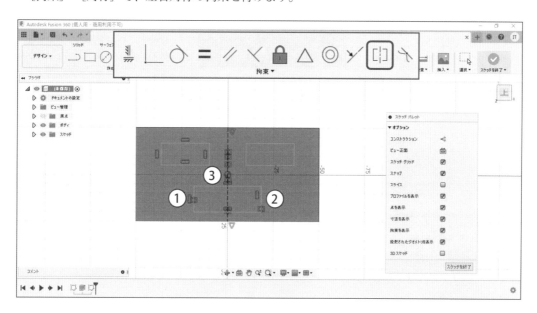

[対称]の拘束は、①左右対称にしたい曲線、②対になる曲線、③中心にする曲線の順番で選択します。

[コンストラクション]に切り替えずに実線で中心線を描くと口の部分が真ん中で分かれてしまいます。今回のように、モデルを作る際に基準としたいが、モデル自体の輪郭線などには関係ない線は基準線として描きましょう。

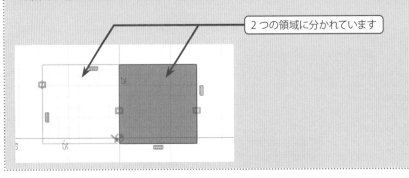

2つの領域に分かれています

後から基準線に切り替えることもできます。Esc キーを押すか[選択]をクリックし、中心の線を選択し、「スケッチ パレット」に表示される[コンストラクション]を選択します。

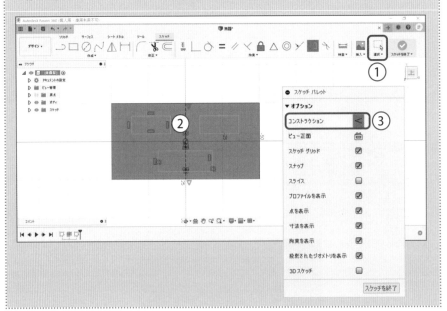

［スケッチを終了］でスケッチを終了します。

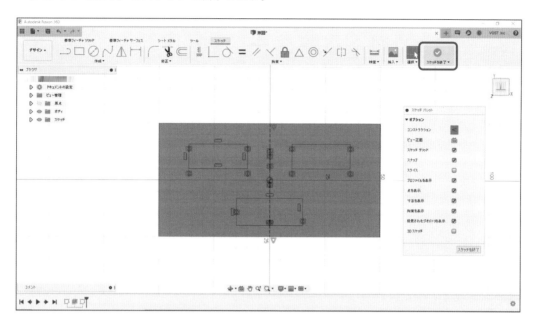

［作成］-［押し出し］で −5 mm カットします。

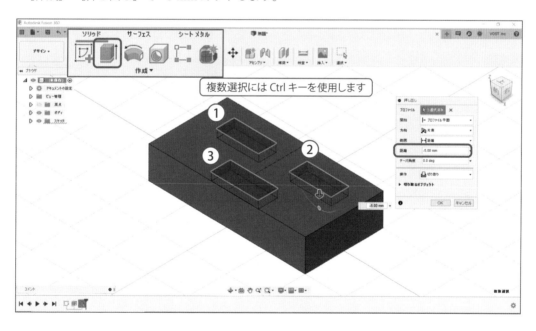

［修正］-［フィレット］で 10 mm のフィレットを付けます。

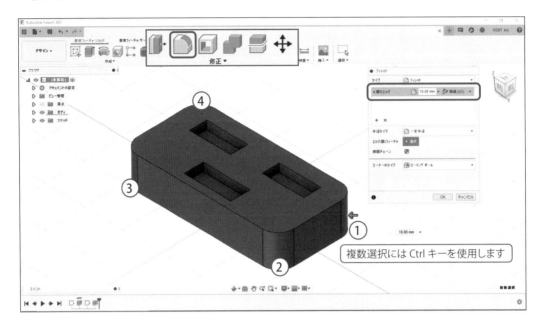

フィレットはいつ付ける？

　長方形を［押し出し］してから形状にフィレットを付けても、初めに描いたスケッチにあらかじめフィレットを付けておいてから［押し出し］をしても、結果として同じ形になります。

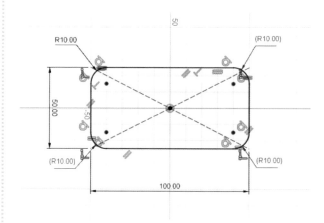

　これら2つの方法は、履歴の付き方が違ってきます。

　スケッチモードで［スケッチ］-［フィレット］コマンドを使用してフィレットを付けた場合、そこには履歴はなく、「R10mmの円弧が、隣り合う線分とタンジェント（滑らか）につながっている」という、拘束情報のみが残ります。誤った操作や形状が変更されることによって拘束を削除されると、滑らかにつながらない円弧になってしまう場合もあります。

　一方、形状に対して［修正］-［フィレット］コマンドを使用してフィレットを付けた場合、形状のどのエッジに対して何mmのフィレットを付けたか、という情報が履歴として残ります。

　後からフィレットの径を変更することが多いときには、形状に対してフィレットをかけておくことで、簡単に編集することができます。スケッチでフィレットを付けた場合、スケッチを探して［スケッチを編集］する必要があるため、手間があります。

　また、形状に対してフィレットを付ける場合に、以下の2つの大きな原則があります。

① フィレットはなるべくモデリングの最後の方に付ける

　フィレットを付けると、角が丸まってきれいに見えますが、モデルを作る途中で付けると、その後に作るスケッチの基準が取りにくかったり、フィレット部分に関する作りこみが煩雑になることが多いです。フィレットは、原則、形ができあがってから最後にどんどん付けていく方がうまくいきます。

② 径が大きいところから付け、徐々に小さい径を付けていく

　複雑なフィレットになると、2つ以上のフィレットが交わる部分が出てきて、計算に失敗しやすくなります。大きいフィレットの方が形状の変化が大きいため、失敗しやすいので、大きい径から順に付けていくことをお勧めします。

［作成］-［スケッチ作成］を選択し平面を選択します。

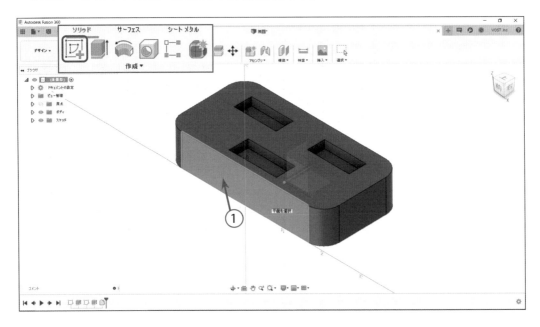

［修正］-［オフセット］を選択し形状の枠を選択し、赤いプレビューが出たのを確認してからマニピュレータをドラッグして内側に移動し、–5 mm を入力して Enter で確定します。

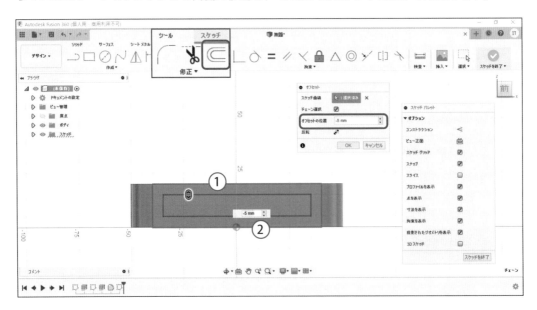

［スケッチを終了］でスケッチを終了します。

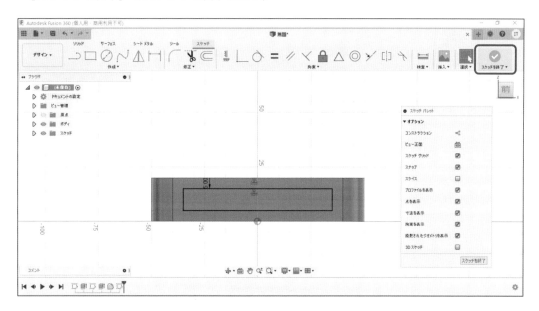

［作成］-［押し出し］で首部分を5 mm伸ばします。

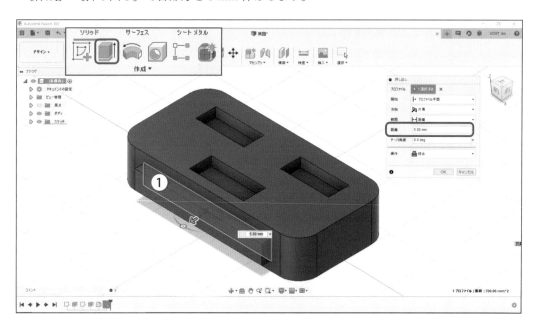

［作成］-［スケッチ作成］を選択し平面を選択します。

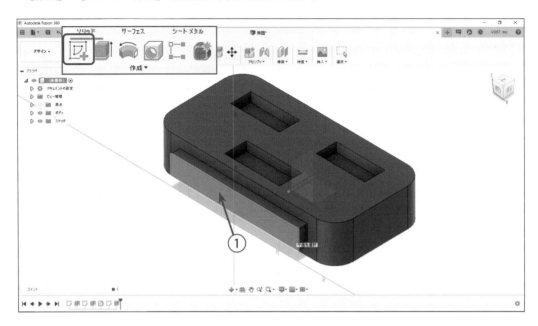

　［修正］-［オフセット］を選択し枠を選択し、20 mm 外側にオフセットします。描き終わったら、［スケッチを終了］でスケッチを終了します。

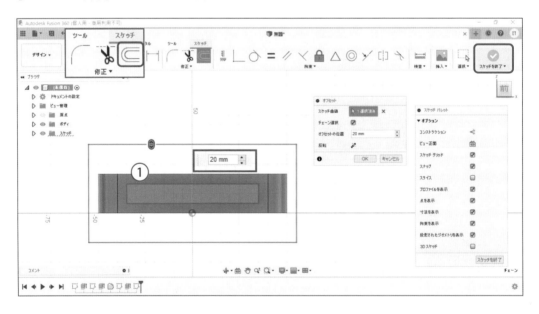

［作成］-［押し出し］で首の根元の領域と胴体の領域2つを選択し、100 mm 伸ばします。

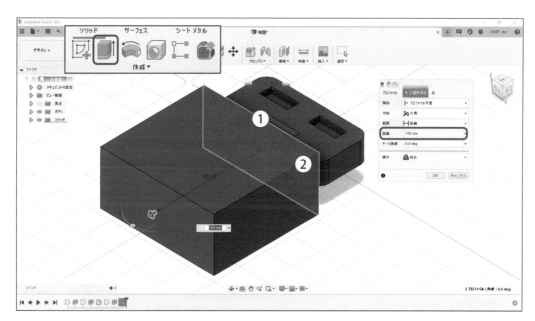

形状の面を選択してスケッチを作成し、［オフセット］などのコマンドで参考にした場合は、見えないラインが自動的に作成されます。

1.5　角度の付いたスケッチの作成

［構築］-［傾斜平面］コマンドで、ロボットの肩の部分のエッジを選択します。
出てくる丸いつまみを回し、45°回転した平面を作成します。

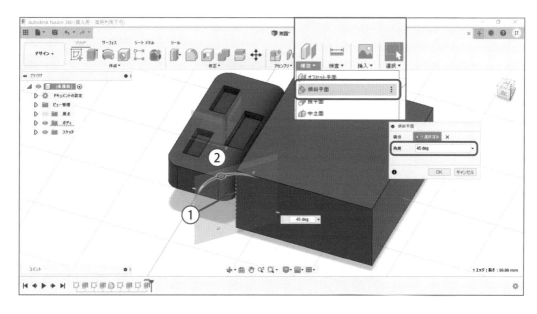

ワンポイントアドバイス　スケッチを描くための平面は、[構築] コマンドで作成することができます。

[作成]-[スケッチ作成] を選択し平面を選択します。

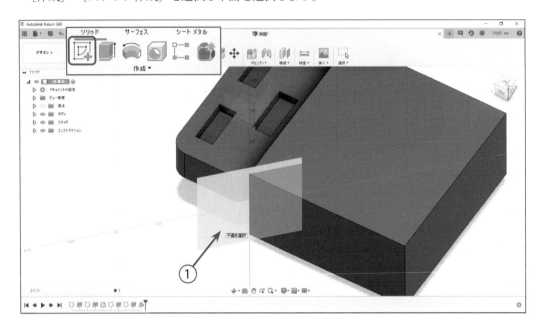

[作成]-[円]-[中心と直径で指定した円] を選択し、任意の位置に腕になる 20 mm の円を作成します。

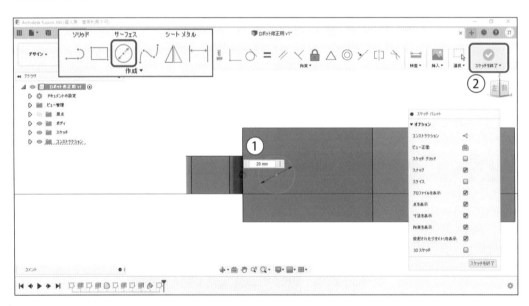

基準にした平面は、ブラウザの「コンストラクション」の「平面1」として格納されています。スケッチを描くことで自動的に非表示になっています。

［作成］-［押し出し］で、作成した円を -80 mm 伸ばします。

スケッチした円が自動で選択されるのでそのまま 80 mm 押し出します（プロファイルが1つの場合自動的に選択されます）。

「操作」は「結合」に設定します。

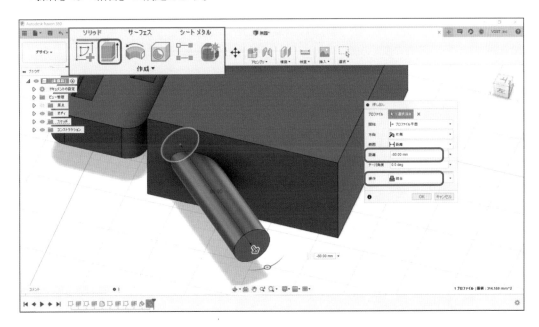

ビューの操作を極めよう

Fusion 360 で形状を作成していくとき、自分の思う形になっているかを確認するために、素早く見たい方向を正面に向けたいことが多くあります。それには大きく分けて2つの方法で対応できます。

① ビューキューブを使用する

おなじみのビューキューブです。

「前」や「上」などの面を選択することで、初めから基準となっている向きで画面を正面に向けてくれます。現在の画面の傾き具合から、一番近い向きで正面を向けるため、逆さまになる場合もあります。

また、ビューキューブの辺や角をクリックしても、その方向から見ることができます。

② [ビュー正面] 機能を使用する

[ビュー正面] は、画面下のナビゲーションバーにある機能です。

[ビュー正面] コマンドをクリックした後、見たい方向を向いている形状の面や、作成した平面をクリックすることで、その面を正面に向けた方向にビューが変わります。複雑な形を作っていくと、[構築] の平面機能を多用することが必要になるため、ビューキューブだけでは対応しきれないような方向を向けてモデルを作ることが多くなります。そのような場合に、この機能が便利です。

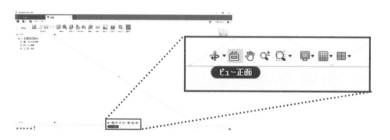

なお、全く同じ名前のコマンドがスケッチモードに入っているときにも出てきます。スケッチ パレットの一番上のコマンドです。

こちらはスケッチモードに入っているときのみ有効な機能で、スケッチを描きながら画面ローテーション→画面オービットした際に、現在描いているスケッチ平面を正面に向けることができます。スケッチを描いている際には便利な機能なので、覚えておきましょう。

［作成］-［スケッチ作成］を選択し平面を選択します。

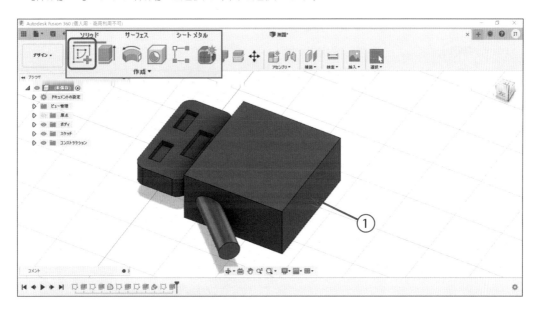

［作成］-［円］-［中心と直径で指定した円］を選択し、直径20 mmの円を作成します。

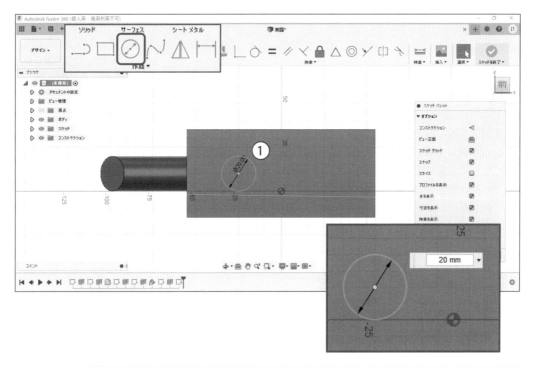

形状のエッジなどがハイライトしない位置で円の中心点をクリックしてください。

「エッジの参照（拘束）」

　スケッチで線を描くポイントを選択する時に青くラインが表示される箇所があります。これは奥に隠れている形状のエッジを認識している時に表示されます。

　エッジを認識した状態でクリックすると、自動的にエッジが紫色のラインとして投影されて拘束が付きます。

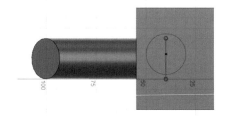

　エッジを参照しているので、設計変更で形状が変更された場合も自動的に連動して変更されます。そのため、設計変更時の修正作業を減らすことができます。

　しかし、形状が複雑になり意図しない参照が発生することがあります。この場合、エッジの位置に拘束されているため、［スケッチ寸法］で位置を調整する時に、過剰拘束のエラーが発生することが多くあります。

　最初から参照せずにフリーでポイントを選択したい場合は、Ctrl キー（Mac は command キー）を押しながらカーソルを動かします。エッジを参照しなくなり、フリーな状態でスケッチを描くことができます。

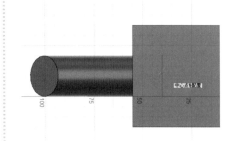

Ctrl なし

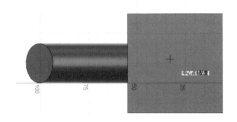

Ctrl あり

［作成］-［スケッチ寸法］で端から 30 mm の寸法を付けます。

寸法が付けられたら、［スケッチを終了］でスケッチを終了します。

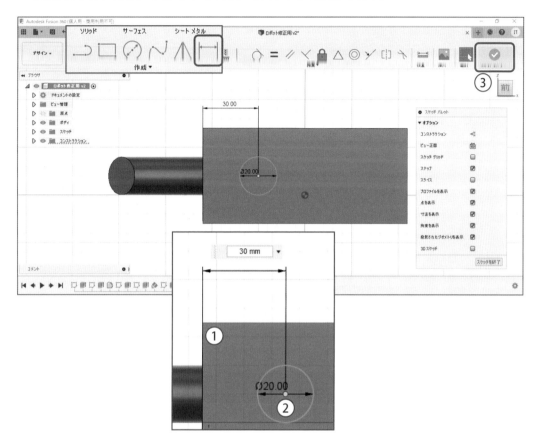

1.6　空間上のスケッチの作成

　[構築]-[オフセット平面]でロボットの足の付け根から 40 mm 離れた位置に平面を作成します。

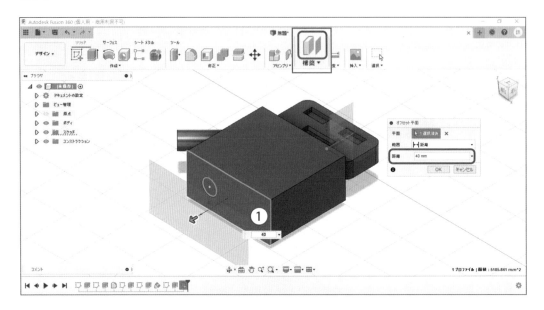

　[作成]-[スケッチ作成]を選択し平面を選択します。

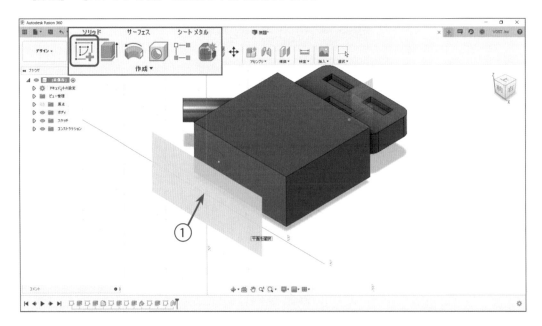

［作成］-［長方形］-［中心の長方形］を選択し、縦20 mm、横35 mmの長方形を描きます。作成し終わったら、［スケッチを終了］でスケッチを終了します。

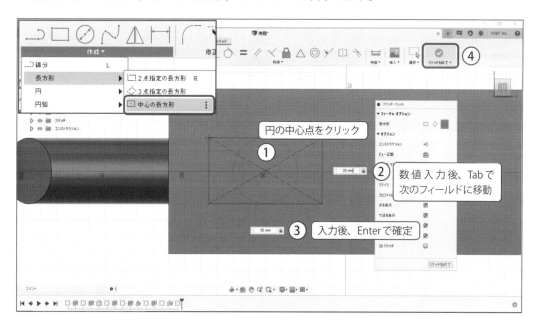

1.7 ［作成］-［ロフト］で足の作成

［作成］-［ロフト］で円と長方形を選択し、足を作成します。

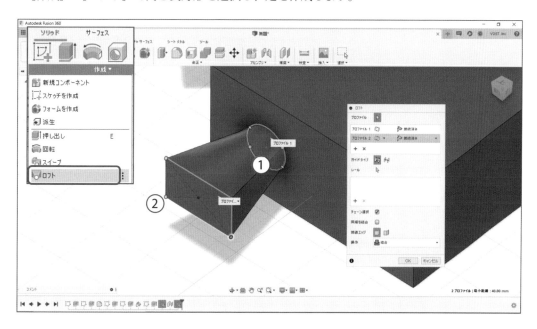

［作成］-［ミラー］で、腕と足を左右対称にコピーします。

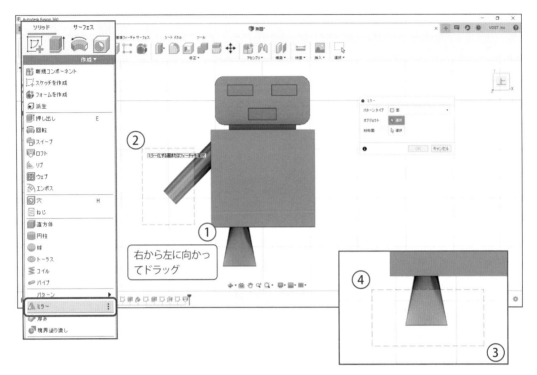

右から左に向かってドラッグ

右から左にドラッグして要素を囲むと、表示される枠が重なる要素が全て選択されます。

囲みすぎて不要な要素が入ってしまった場合は、Ctrl キー（Mac は command キー）を押しながらクリックすることで、選択を解除することができます。

さまざまな要素の選択方法

　　モデリングをしていく中で、複数の要素や形状の面やスケッチの曲線を選択することがあります。効率的に要素を選択することで、モデリングにかかるクリック数を減らすことができます。

　ここでは、要素選択をするための選択コマンドについて説明します。

① ウィンドウ選択

　［選択］コマンドの初期値は、「ウィンドウ選択」になっています。ドラッグの開始位置によって、以下のような違いがあります。

- 左から右にドラッグする
  表示される枠の中にすべて含まれている要素のみ選択されます。表示される枠は、青の実線で表現されます。

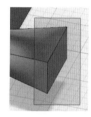 

- 右から左にドラッグする
  表示される枠が重なる要素が選択されます。表示される枠は、青の破線で表現されます。

　他にも、以下のような選択の方法があります。これらを覚えていくことで、場所ごとに適した選択方法でモデリングを進めることができるため、便利です。

② フリーフォーム選択

　マウスドラッグした際に表示される通過ラインの中の要素が選択されます。「ウィンドウ選択」と同様に、左から右、右から左で動作が異なります。

③ 選択範囲をペイント

　クリックしたままマウスを動かし、動かした軌跡上にある要素が選択されます。囲むような操作ではないため、どちらからマウスを動かしても同じ結果になります。

　また、［選択］-［選択フィルタ］で、選択できる要素を絞り込むことができます。一番上の［裏側も選択］は、ON/OFFによって裏側に隠れている要素を選択するかしないかの設定を変更することができます。

「対称面」で中心の平面を選択し、ミラーします。

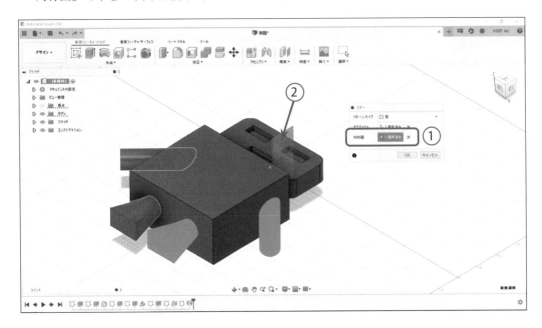

腕と足がコピーされました。

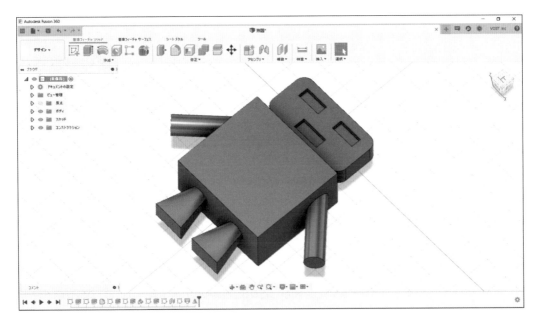

1.8 文字の装飾を付けよう

［作成］-［スケッチ作成］を選択し平面を選択します。

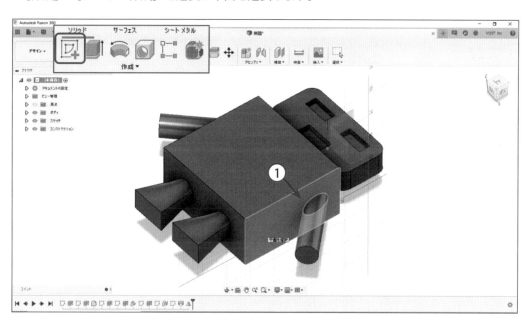

［作成］-［テキスト］を選択します。

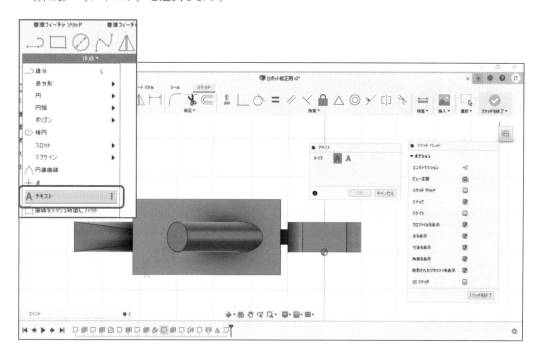

任意の位置にテキストボックスを作成します。

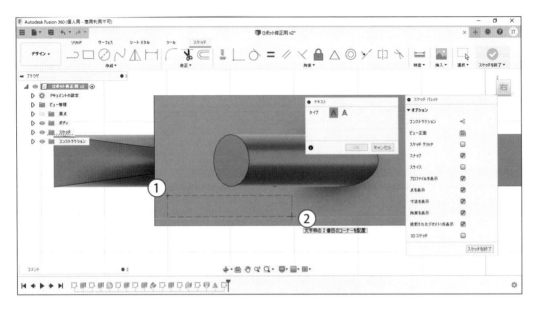

　ダイアログボックスの［テキスト］に文字を入力し、［高さ］でサイズを調整します。最後に
［スケッチを終了］でスケッチを終了します。

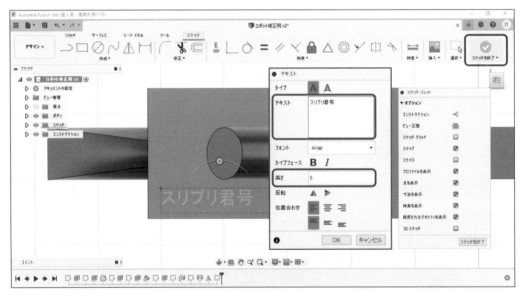

フォントは、OSに入っているものがすべて使用できます。

［作成］-［押し出し］で –2 mm の掘り込みを作ります。

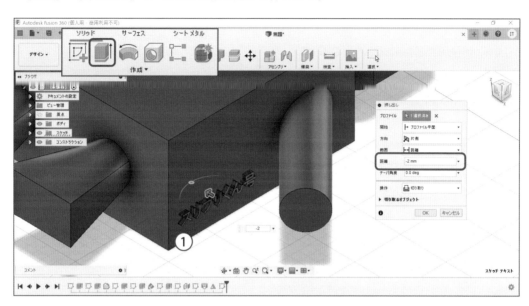

［押し出し］できないフォントもあります。スケッチモードで
テキストを右クリックし、［テキストを分解］をお試し下さい。

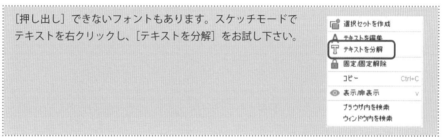

完成です！

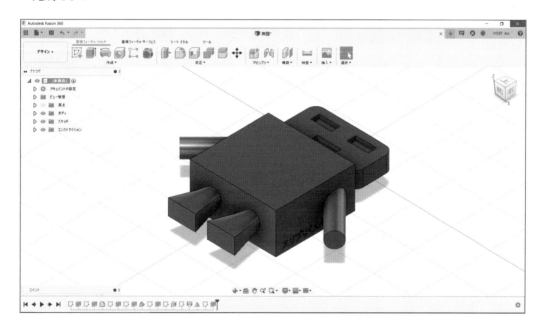

1.9 課題『こども玩具』

以下の画像のこども玩具を作ってみましょう。

完成品

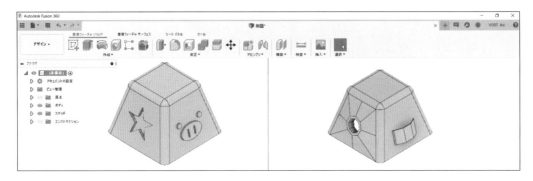

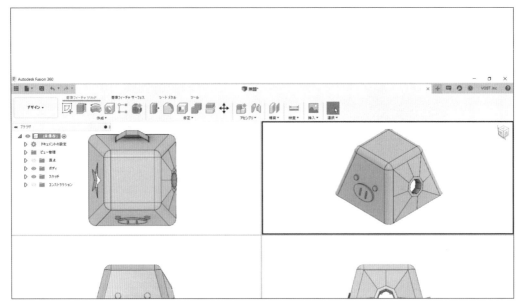

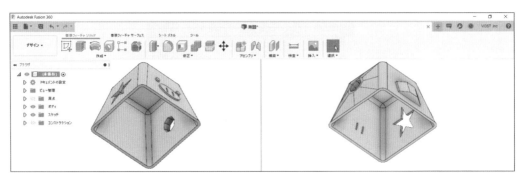

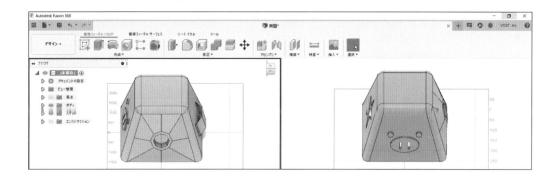

作成の条件

- 基本形状の底面の寸法：300 mm × 300 mm
- 基本形状の勾配角度：75°
- 基本形状の高さ：210 mm

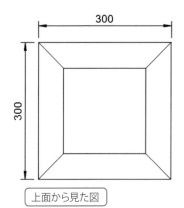

上面から見た図

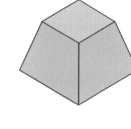

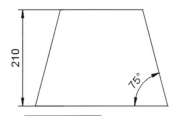

側面から見た図

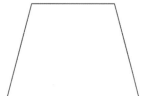

- 基本形状のフィレット半径：25 mm
- 基本形状の厚さ：10 mm
- 側面1：星形のスケッチ

  外径110 mmの星形を描きます。

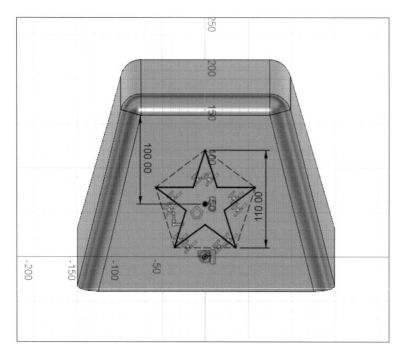

- 星形の深さ：1面貫通

● 側面2：ぶたの顔のスケッチ

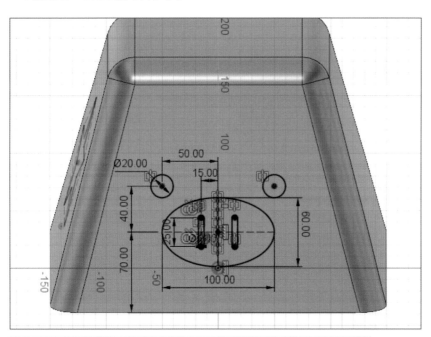

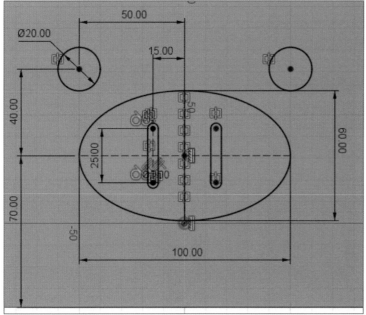

● ぶたの目と鼻の高さ：5mm
● ぶたの鼻の穴：1面貫通

● 側面 3：ハチの巣部分の厚み：20 mm

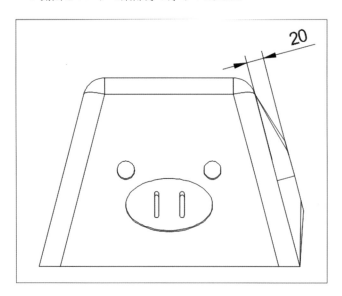

● ハチの巣のスケッチ

　外径 80 mm の 8 角形を描きます。

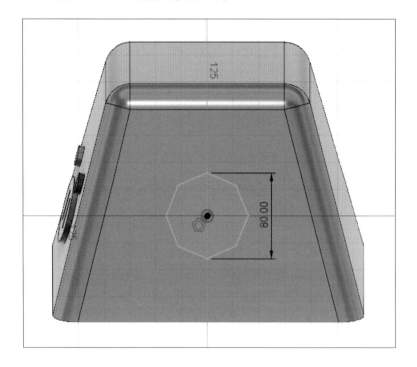

●ハチの巣の中心の穴のスケッチ

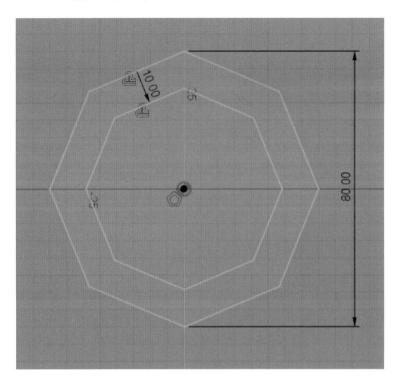

●ハチの巣の中心の穴の深さ：1面貫通

● 側面 4：小物ポケットのスケッチ平面：面に直交する角度で、底から 100 mm の位置

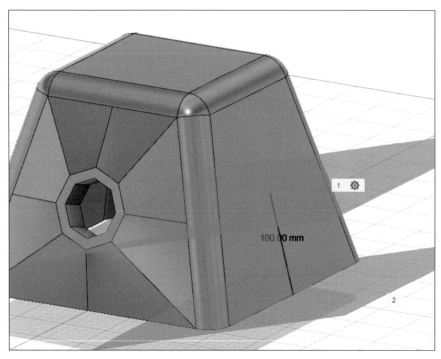

100.00 mm

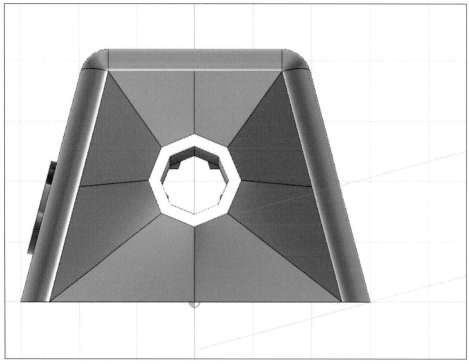

● 小物ポケットのスケッチ

　外径 150 mm の 12 角形を描きます。

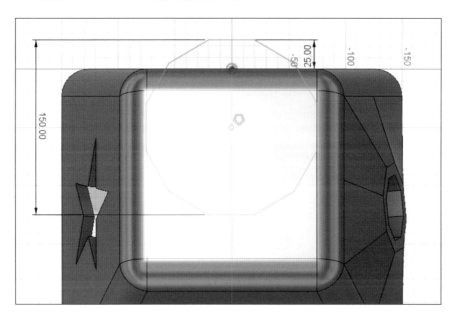

● 小物ポケットの深さ：60 mm
● 小物ポケットの厚さ：2 mm

作成のヒント

※以下の作成方法はあくまで一例です。いろいろな作り方を試してみてください。

① [押し出し] コマンドで、押し出すのと同時に角度を付けることができます。

② 星形は [ポリゴン] で5角形を作成後、対角線を [線分] でつなぎ、不要な線を [トリム] して作図します。

③ ぶたの鼻は [楕円]、鼻の穴は [スロット] で描くと早く描けます。

④ ハチの巣は [オフセット平面] と [ロフト] を使用して作成します。

⑤ 小物ポケットは、「新規ボディ」として別形状で作成しておき、上面と基本形状に触れる面を削除しておくときれいな形になります。

今回のモデル作成のための推奨コマンド

- [作成]（スケッチ内）- [長方形] - [中心の長方形]
- [作成]（スケッチ内）- [ポリゴン] - [内接ポリゴン]
- [作成]（スケッチ内）- [線分]
- [作成]（スケッチ内）- [トリム]
- [作成]（スケッチ内）- [スケッチ寸法]
- [作成]（スケッチ内）- [楕円]
- [作成]（スケッチ内）- [スロット] - [中心合わせスロット]
- [作成]（スケッチ内）- [円] - [中心と直径で指定した円]
- [作成]（スケッチ内）- [ミラー]

- ●［作成］（スケッチ内）-［オフセット］
- ●［作成］-［押し出し］
- ●［修正］-［フィレット］
- ●［修正］-［シェル］
- ●［作成］-［ロフト］
- ●［構築］-［傾斜平面］
- ●［構築］-［オフセット平面］
- ●［修正］-［結合］

解答

解答は、以下 URL にてご紹介しております。

　https://cad-kenkyujo.com/book/（「スリプリブック」で検索）

第2章

取っ手のとれる
スコップを作ろう

次の内容を学習します。

● スケッチの描き方（線分、長方形、円）

● 平面の作り方（オフセット平面）

● 形状の作り方（押し出し、ロフト、ねじ、パイプ）

● 形状の編集方法（シェル、プレス / プル、結合、
  フィレット、オフセット、外観）

● ブラウザの使い方

2.1　この章の流れ

　この章では、スコップ本体と取っ手の2つの形状が組み合わさったデータを作成し、接合部の作り方を学びます。

　基本の3ステップを繰り返し、スコップ本体を作成します（2.2節）。

　取っ手を作成します（2.3節）。

　スコップ側に取っ手を取り付けるネジ部を作成します（2.4節）。

　スコップ側のネジ部に合わせて、取っ手側にもネジ部を作成します（2.4節）。

　スコップを仕上げます（2.5、2.6節）。

2.2 スコップの本体を作ろう

［作成］-［スケッチを作成］で XY 平面を選択します。

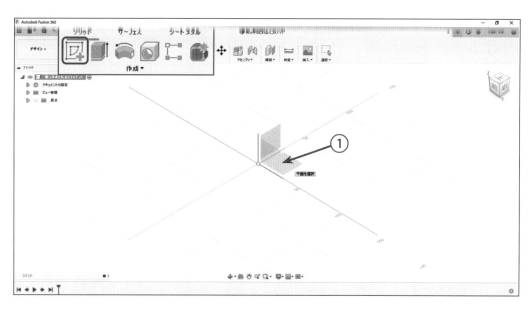

　［作成］-［長方形］-［中心の長方形］の中心点で原点を選択し、縦 100 mm、横 200 mm の長方形を描きます。［スケッチ寸法］で寸法を付けるか、長方形を描く途中で数値を入力して、寸法を確定します。

　描けたら［スケッチを終了］でスケッチを終了します。

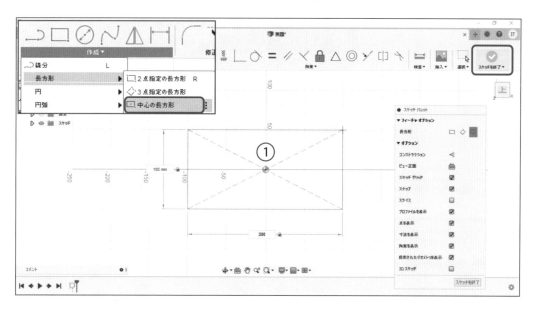

［作成］-［押し出し］で 50 mm 伸ばします。

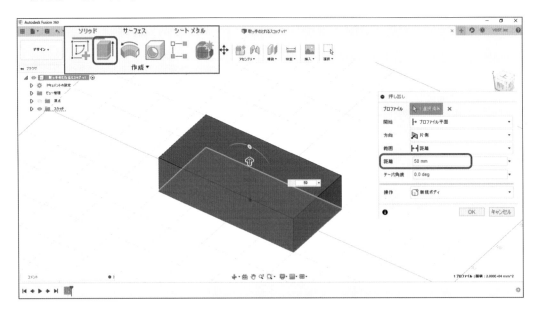

［作成］-［スケッチを作成］で XZ 平面を選択します。 手前の面がハイライトするため、平面の上にマウスを乗せ、左クリックを長押ししたメニューから「XZ」を選択します。

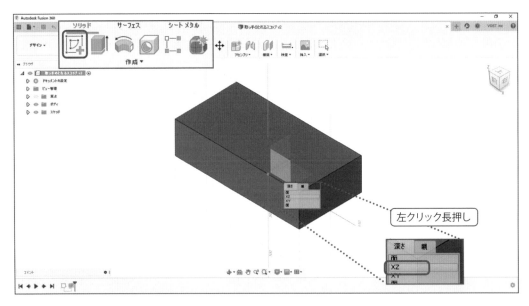

 長押しした際にマウスがある位置から手前側にある要素が、上から順に並びます。

［作成］-［線分］で左上のエッジ上と右下の端点と右上の端点を選択し、以下の線分を描きます。

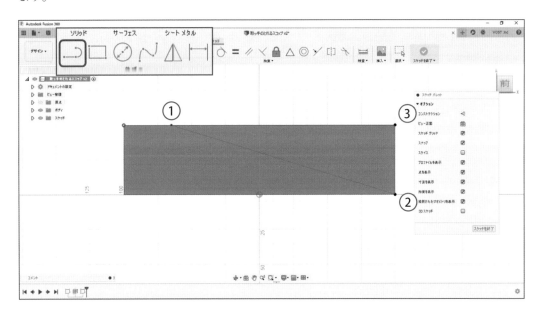

［作成］-［スケッチ寸法］で180 mmの寸法を付け、［スケッチを終了］でスケッチを終了します。

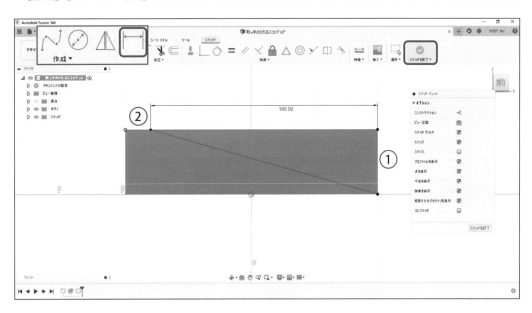

［作成］-［押し出し］で「方向」を「対称」、「距離」を 60 mm に設定し、切り取ります。

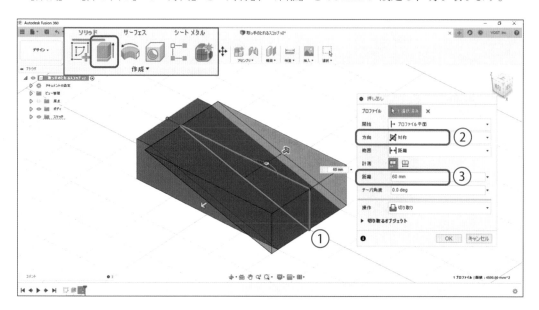

［修正］-［フィレット］で、底面の長いエッジ 2 本に R12 mm のフィレットを付けます。

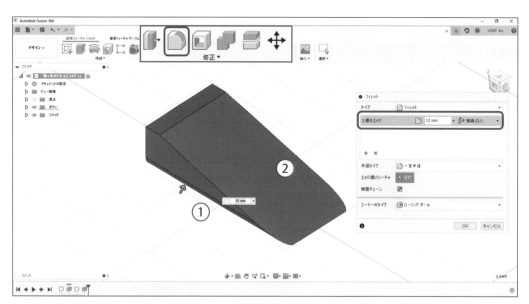

［修正］-［フィレット］で背面のエッジに R20 mm のフィレットを付けます。

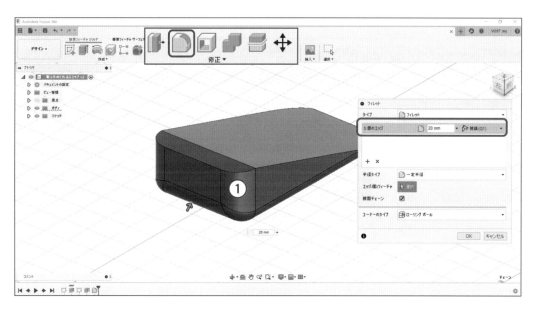

［修正］-［フィレット］で上面のエッジに R3 mm のフィレットを付けます。

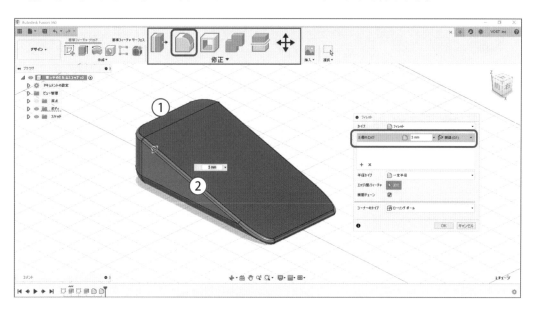

　［修正］-［シェル］で、「接面チェーン」のチェックを外し、「面 / ボディ」で上面 2 面を選択します。内側に 5 mm の厚みを付けます。

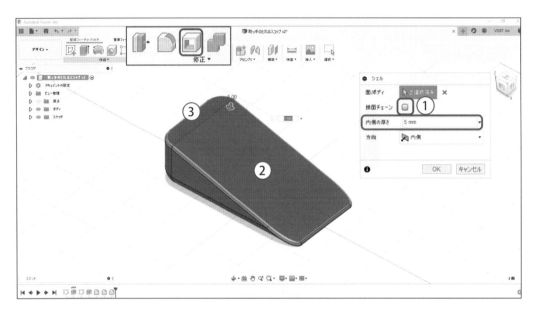

 「接面チェーン」は、フィレットなどの連続する面を自動的に認識する機能です。

2.3 取っ手を作ろう

　［作成］-［スケッチを作成］で、背面を選択します。

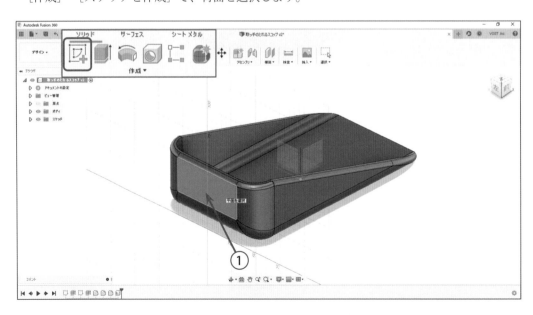

［作成］-［線分］で上下のエッジの中点を結びます。

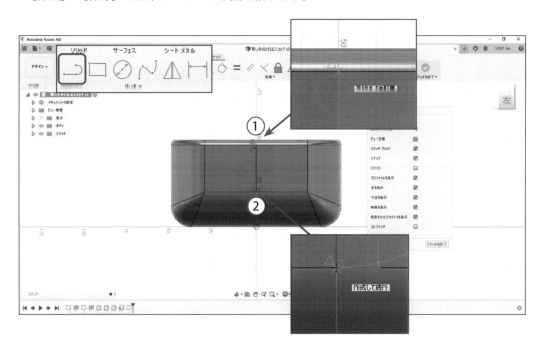

Escキーまたは［選択］を選択し、コマンドを何も取っていない状態に戻します。

すべてのスケッチをドラッグで囲み、「スケッチ パレット」の［コンストラクション］で3つの線分を基準線に変更します。

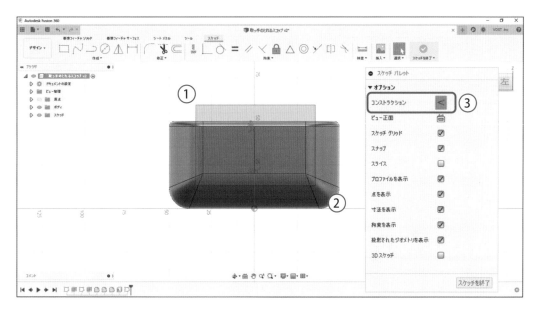

　［作成］-［円］-［中心と直径で指定した円］で、中心点を基準線上で選択し、直径 25 mm
の円を描きます。

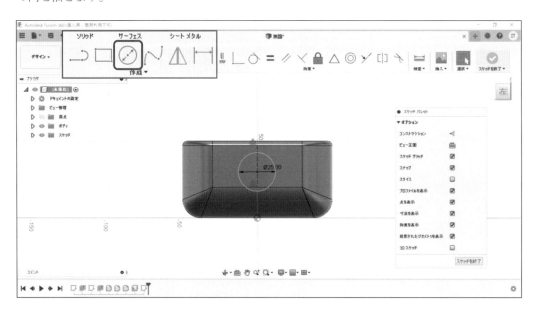

　［作成］-［スケッチ寸法］で、一番上のエッジから中心点まで 20 mm の寸法を付けたら、
［スケッチを終了］でスケッチを終了します。

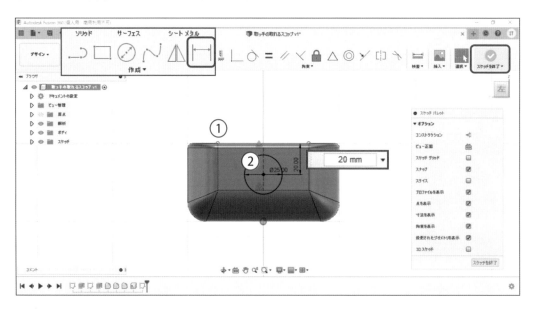

［構築］-［オフセット平面］で、背面から 90 mm オフセットした平面を作成します。

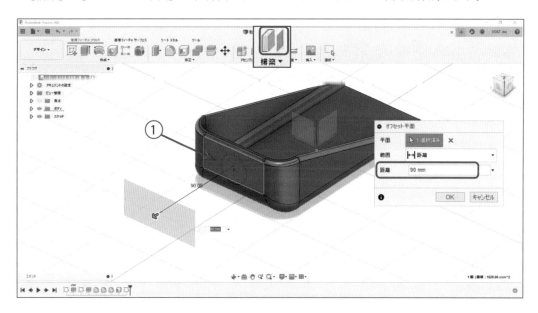

［作成］-［スケッチを作成］で作成した平面を選択します。

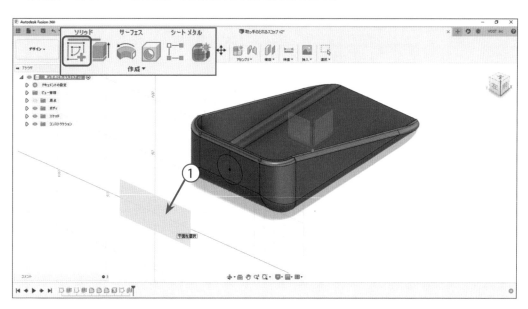

［作成］-［円］-［中心と直径で指定した円］で、以下の位置に直径 15 mm の円を描きます。

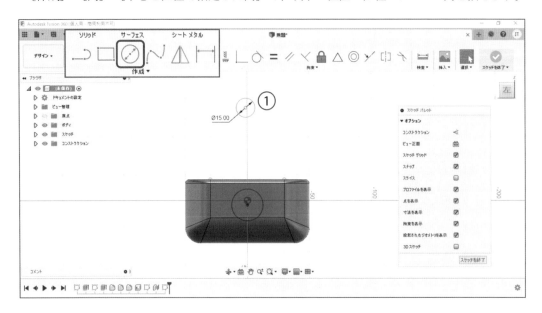

［拘束］の［一致］で中心点を基準線に拘束します。

［作成］-［スケッチ寸法］で、一番上のエッジから中心点まで13 mmの寸法を付け、［スケッチを終了］でスケッチを終了します。

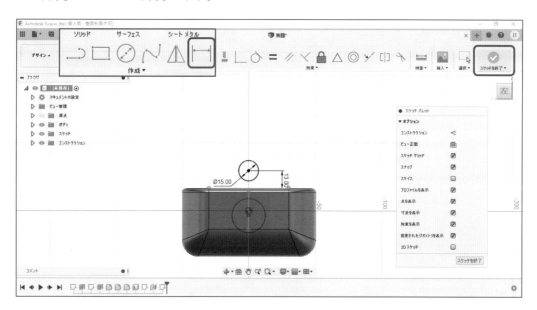

［作成］-［ロフト］で2つの円を選択し、「操作」を「新規ボディ」に設定し、取っ手を作成します。

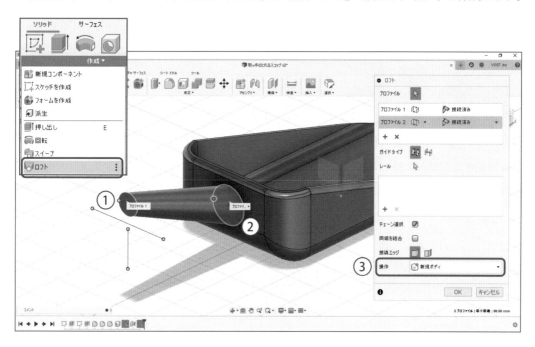

［修正］-［フィレット］で取っ手の先端に R5 mm のフィレットを付けます。

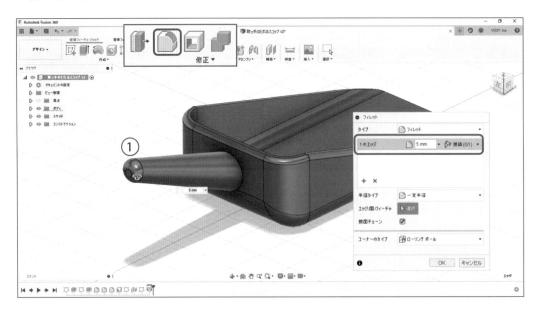

2.4 取り付けねじ部を作ろう

ブラウザで「ボディ 2」を非表示にし、「スケッチ 3」を表示します。

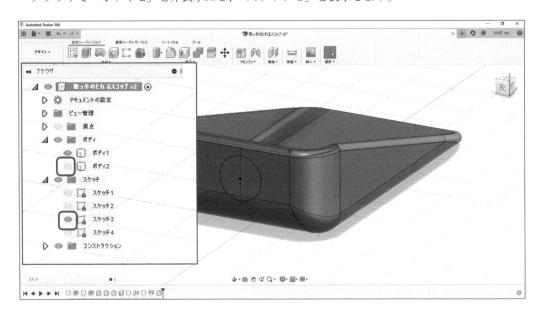

［作成］-［スケッチを作成］で、背面を選択します。

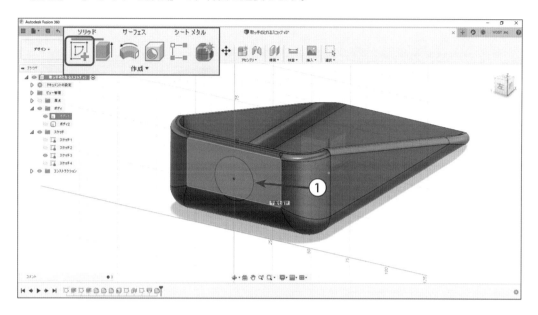

［作成］-［円］-［中心と直径で指定した円］で「スケッチ3」の直径25 mmの円の中心点を
選択し、直径10 mmの円を描き、［スケッチを終了］でスケッチを終了します。

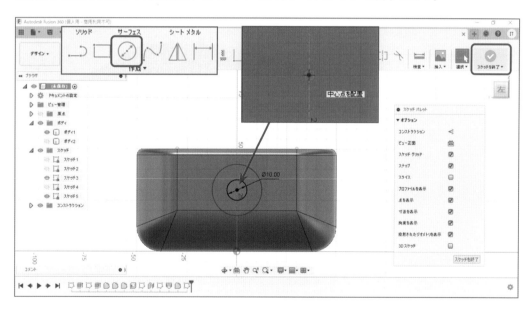

ブラウザから「スケッチ3」を非表示にします。

[作成] - [押し出し] で8mm伸ばします。

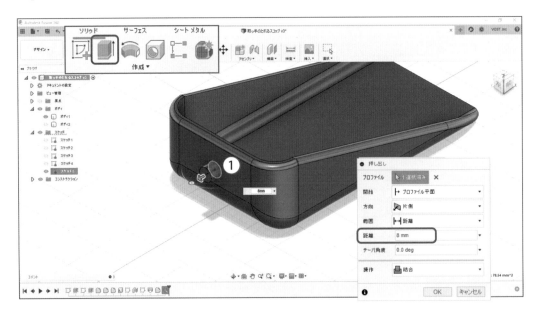

［作成］-［ねじ］で円柱表面を選択し、「モデル化」にチェックを入れて、ねじを付けます。

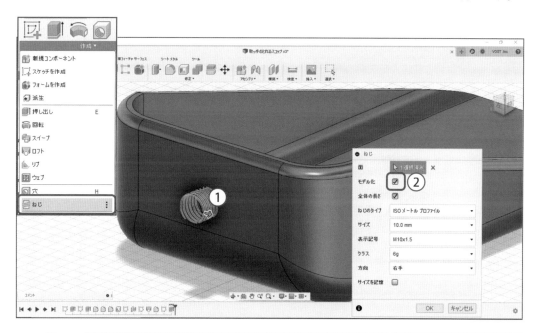

「モデル化」のチェックを入れると、ねじがモデルとして表現されます。

ブラウザから「ボディ2」を表示します。

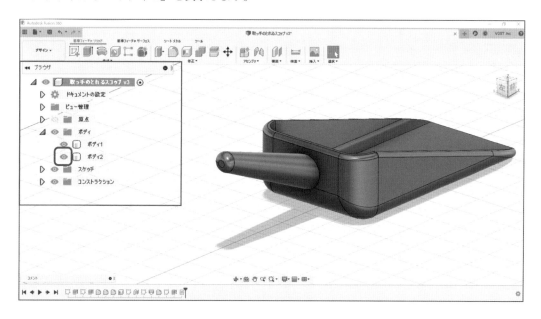

［修正］-［結合］で「ターゲット ボディ」を取っ手、「ツール ボディ」をスコップ本体、「操作」を「切り取り」にして、「ツールを維持」にチェックを入れて、取っ手からねじ部分を切り取ります。

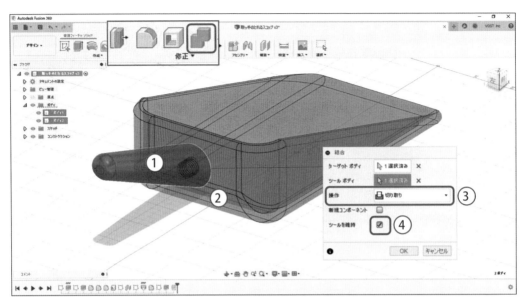

「ツールを維持」のチェックを入れると、ツールボディを残して切り取りができます。

ブラウザから「ボディ 1」を非表示にします。

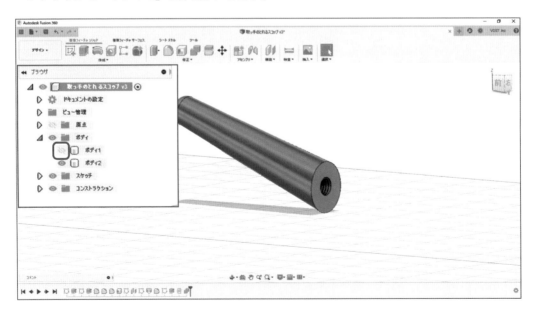

スコップ本体とねじ部分のクリアランス（隙間）を設定します。

［修正］-［面をオフセット］で左側から範囲選択をします。

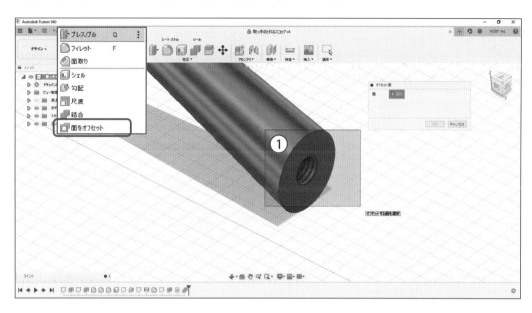

5つの面が選択されていることを確認し、「距離」を –0.1 mm に設定し、オフセットします。

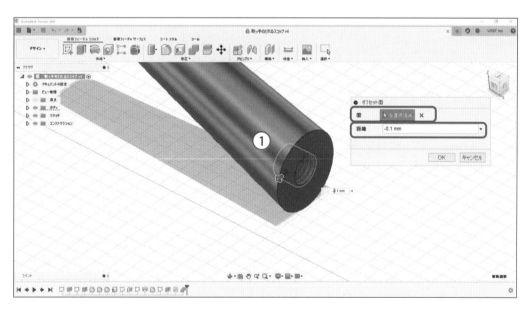

ブラウザから「ボディ 1」を表示します。

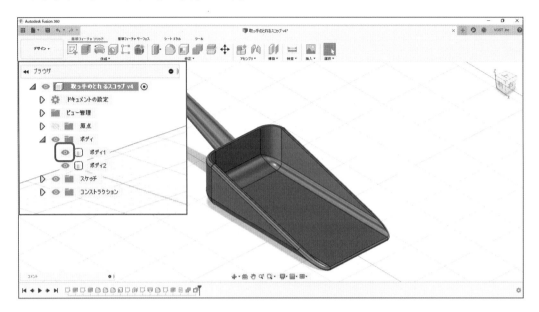

カタチを見るために、［検査］-［断面解析］で断面で XZ 平面を選択します。

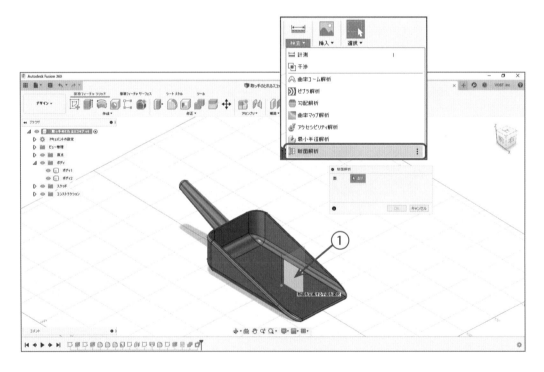

断面が確認できたら［OK］で確定します。

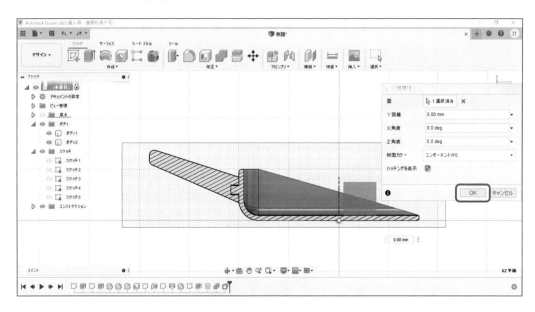

クリアランスが付いていることを確認したら、ブラウザの「断面1」の目のアイコンをOFFにし、断面表示を解除します。

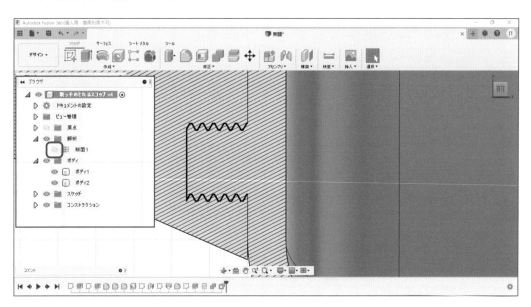

2.5 スコップの溝を作ろう

［作成］-［スケッチを作成］でスコップ内側の面を選択します。

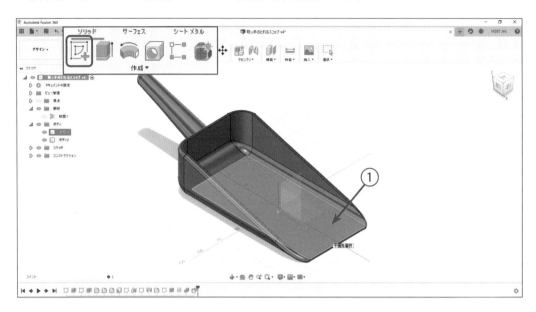

［作成］-［線分］で、下図のように 2 本の曲線を描きます。

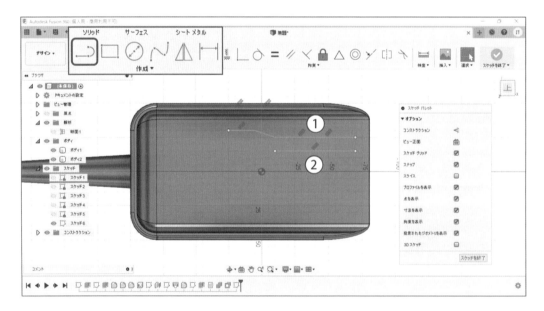

［スケッチ］-［スケッチ寸法］で、長い曲線の端点にスコップの右上の端点から縦 20 mm、横 10 mm の寸法を付けます。

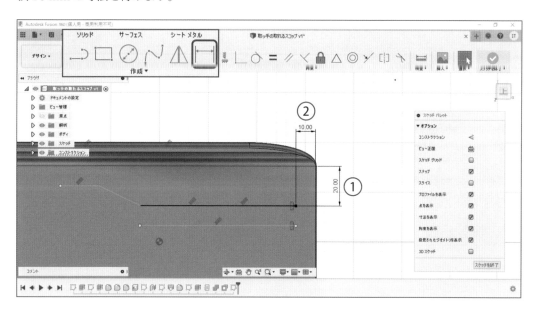

続いて、下図のように直線部分に 80 mm と 20 mm の寸法を付けます。

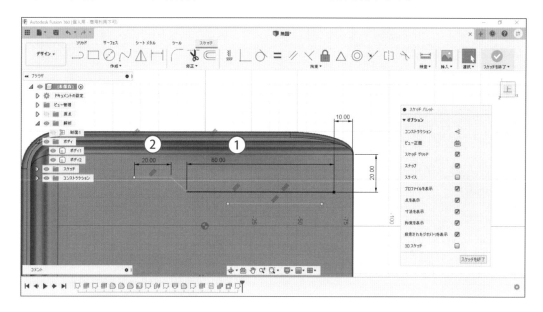

斜めの部分に角度25°、幅10mmの寸法を付けます。

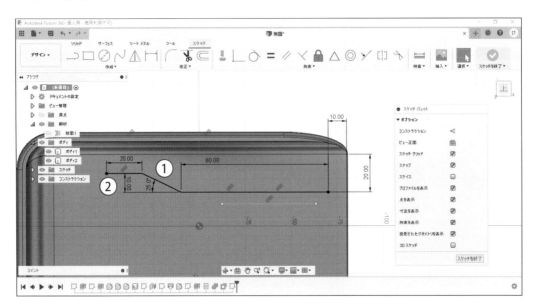

2本目の直線に長さ40mm、1本目からの幅10mmの寸法を付けます。

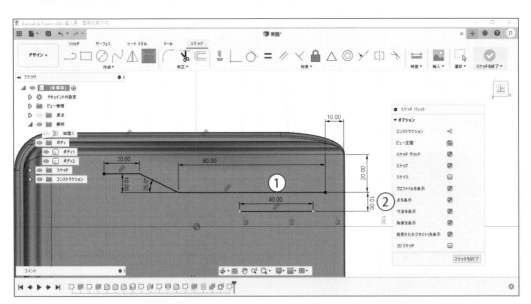

　［拘束］の［水平／垂直］で2本の曲線の位置を合わせ、［スケッチを終了］でスケッチを終了します。

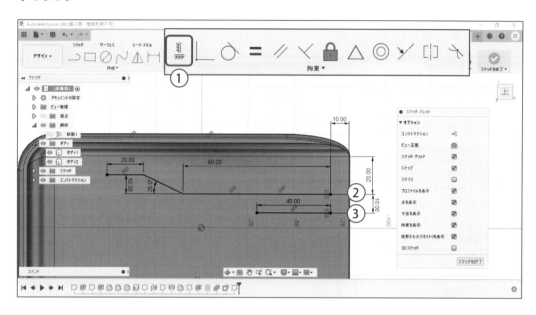

　［作成］－［パイプ］で曲線を選択し、「断面サイズ」を5mmで切り取ります。

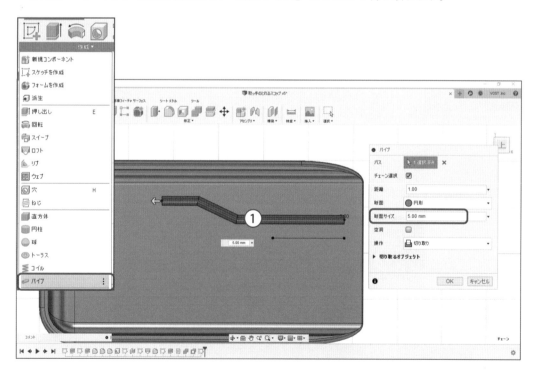

ブラウザから「スケッチ6」を表示します。

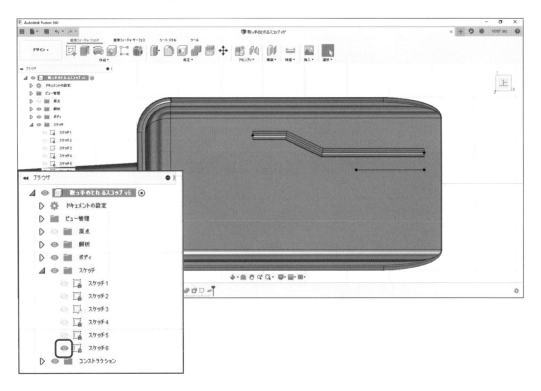

［作成］ － ［パイプ］ で曲線を選択し、「断面サイズ」を 5 mm で切り取ります。

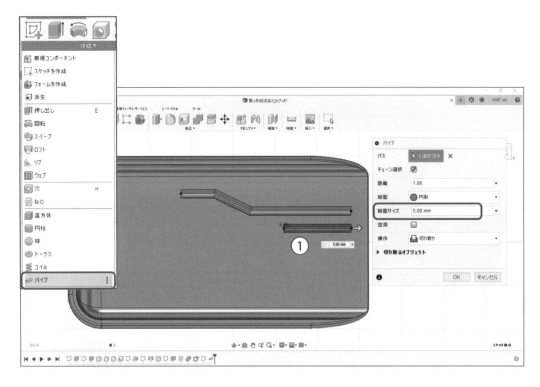

ブラウザから「スケッチ6」を非表示にします。

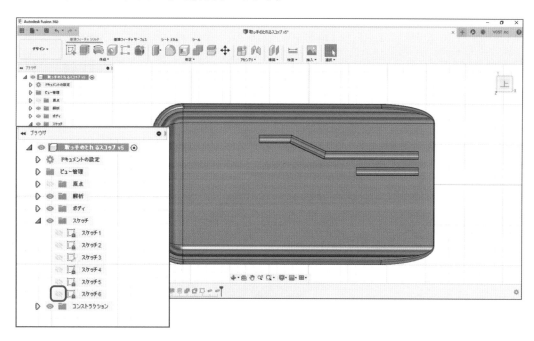

［修正］-［フィレット］でパイプ断面の半円のエッジを、Ctrl キー（Mac は command キー）を押しながら4つ選択し、R2.5 mm のフィレットを付けます。

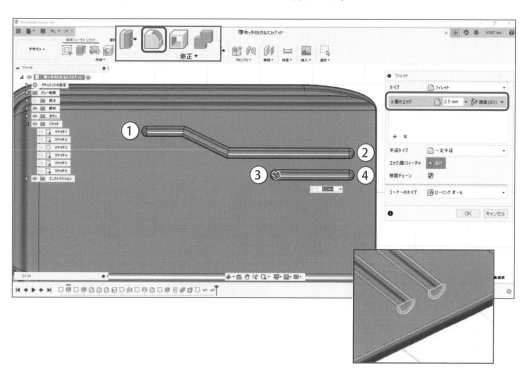

　［作成］- ［ミラー］で「パターン タイプ」を「フィーチャ」に設定し、履歴バーからパイプと
フィレットの 3 つのフィーチャを選択します。
　「対称面」で、中間の面を選択し、溝をコピーします。

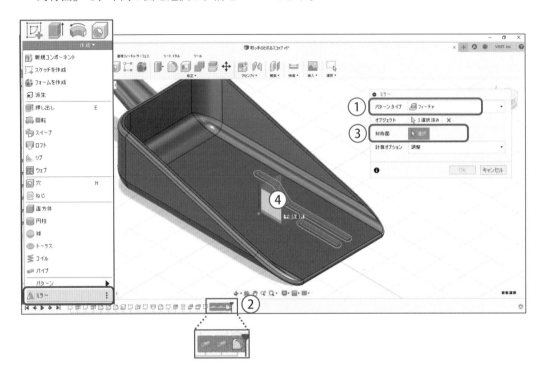

　溝がコピーされ、形状ができました。

2.6 外観を変えよう

　［修正］-［外観］で、「プラスチック」-「不透明」-「プラスチック - マット（黄）」をスコップ本体にドラッグ＆ドロップ、「プラスチック」-「不透明」-「プラスチック - マット（黒）」を取っ手にドラッグ＆ドロップします。

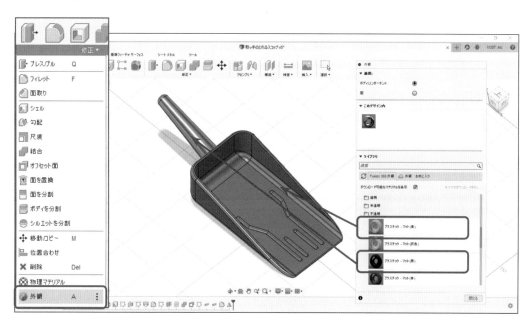

　完成です！

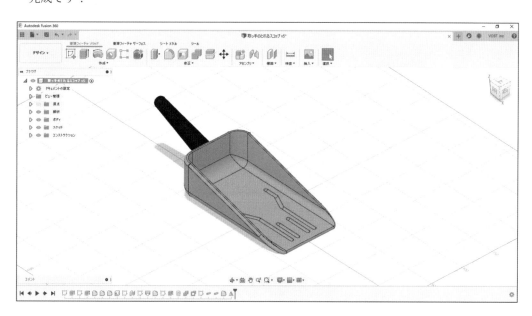

2.7 課題『歯ブラシ立て』

以下の画像の歯ブラシ立てを作ってみましょう。

完成品

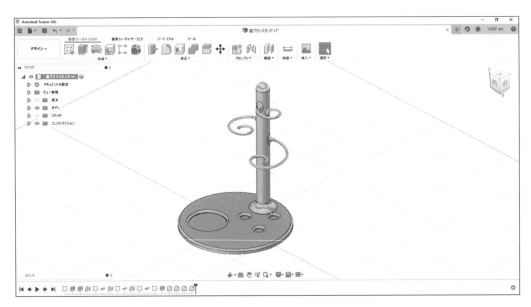

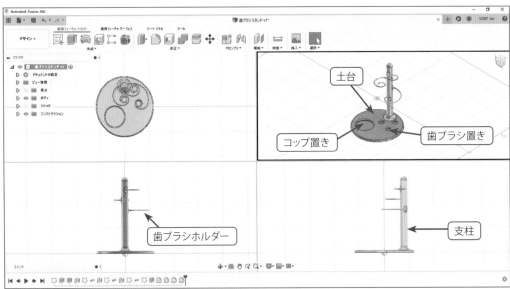

作成の条件

● 土台の大きさ

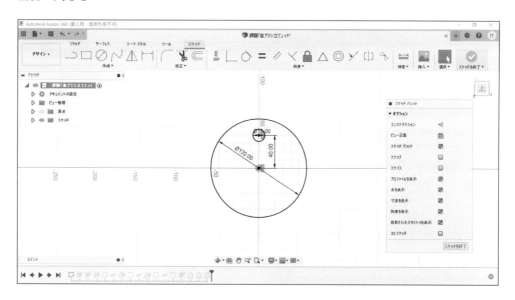

● 土台の厚み：5 mm
● 底面からの支柱の高さ：150 mm
● 歯ブラシホルダーの断面直径：3 mm
● 一番高い位置の歯ブラシホルダーの高さ：
　 土台の上面から 120 mm
● 一番高い位置の歯ブラシホルダーのス
　 ケッチ（フリーハンドで作図してくださ
　 い）

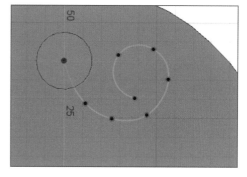

● 2 番目の歯ブラシホルダーの高さ：土台の
　 上面から 100 mm
● 2 番目の歯ブラシホルダーのスケッチ（フ
　 リーハンドで作図してください）

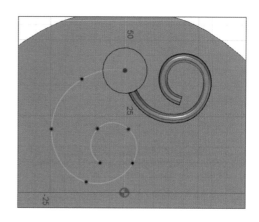

● 3番目の歯ブラシホルダーの高さ：土台の上面から 80 mm
● 3番目の歯ブラシホルダーのスケッチ（フリーハンドで作図してください）

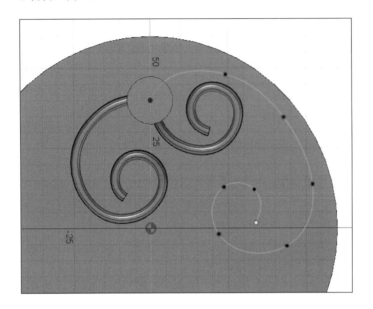

● コップ置きと歯ブラシ置きの位置

　直径 10 mm の円は、カーブの中心あたりの位置に配置してください。

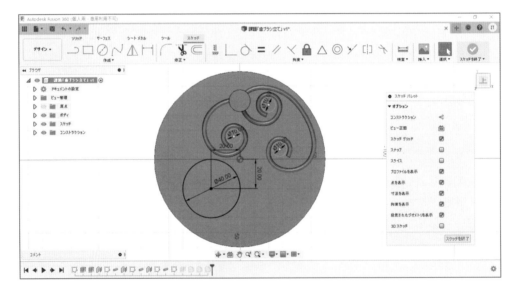

● コップ置きと歯ブラシ置きの深さ：3 mm
● 支柱の先端と根元のフィレット半径：7.5 mm
● 土台のフィレット半径：2 mm
● 歯ブラシホルダー先端のフィレット半径：1 mm
● 歯ブラシホルダー根元のフィレット半径：5 mm

作成のヒント

※以下の作成方法はあくまで一例です。いろいろな作り方を試してみてください。

①土台と支柱と歯ブラシホルダーをそれぞれ作るイメージでモデリングしましょう。
②[押し出し]や[パイプ]をする際には、「結合」や「切り取り」の設定に注意しましょう。
③ホルダーは[オフセット平面]で作成した平面に描きます。
④ホルダーのスケッチは[スプライン]-[フィット点スプライン]で作成します。制御点を移動することで微調整ができます。

今回のモデル作成のための推奨コマンド

● [スケッチ]-[円]-[中心と直径で指定した円]
● [スケッチ]-[スプライン]-[フィット点スプライン]
● [スケッチ]-[スケッチ寸法]
● [作成]-[押し出し]
● [作成]-[パイプ]
● [修正]-[フィレット]
● [構築]-[オフセット平面]

解答

解答は、以下URLにてご紹介しております。

https://cad-kenkyujo.com/book/（「スリプリブック」で検索）

第3章

スマートフォンスタンド を作ろう

次の内容を学習します。

....

- スケッチの描き方
- 寸法拘束の練習
- ［作成］-［ロフト］を使ったモデリング
- ［パターン］を使ったモデリング

....

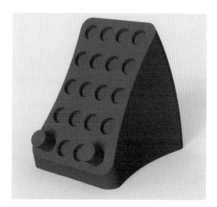

3.1 この章の流れ

　この章では、スマートフォンスタンドを作成しながら、曲がった形状の作り方と複数の箇所を連動させて変更する方法を学びます。

　底面・上面・横からのカーブのスケッチを描きます（3.2、3.3、3.4 節）。

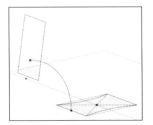

　曲がりながら変化する形状を作成します（3.5 節）。

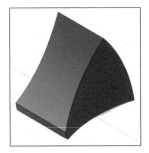

　スマートフォンスタンドを仕上げます（3.6 節）。

　複数箇所の同時変更の連動設定をして、動作を確認します（3.7 節）。

3.2 平面スケッチの作成

［作成］-［スケッチ作成］を選択し平面を選択します。

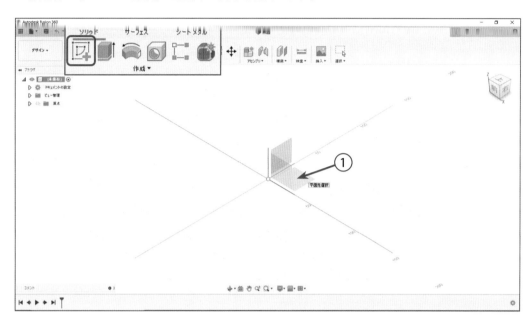

［作成]-[長方形]-[中心の長方形]を選択し、縦 130 mm、横 100 mm の長方形を作成します。

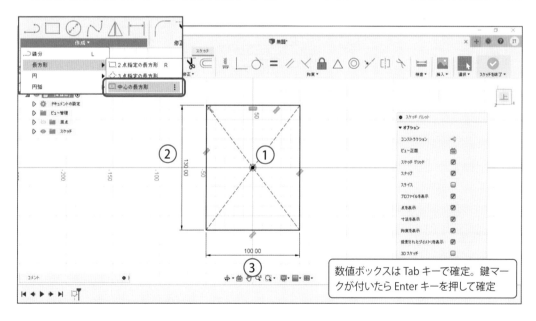

数値ボックスは Tab キーで確定。鍵マークが付いたら Enter キーを押して確定

　［作成］-［円弧］-［3点指定の円弧］で円弧を描きます。③と⑥はCtrlキー（Macは
commandキー）を押しながらクリックします。

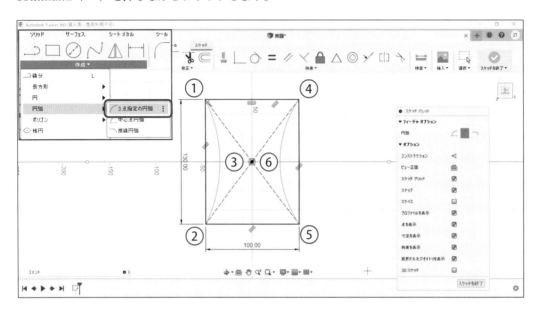

　［作成］-［スケッチ寸法］で、円弧にR200 mmの寸法を付けます。

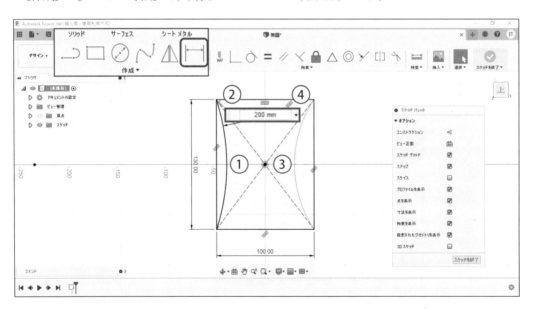

寸法を付けた際に、以下のようなエラーメッセージが表示されることがあります。

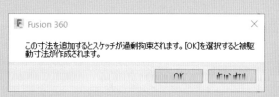

これは、［3点指定の円弧］を作成する際に、長方形の対角線と円弧に自動的に［接線］の拘束が付いているためです。対角線に対して接しているため、円弧の径は一様にしか決まらない状態になっているにもかかわらず、寸法数値を変更することは矛盾が生じますので、寸法をパラメータ変更できない「被駆動寸法」にするようにメッセージが出ています。
この場合は、［接線］の拘束を削除することで、径を変更することができます。

Escキーまたは［選択］を選択し、コマンドを何も取っていない状態に戻します。
左右の曲線をCtrlキー（Macはcommandキー）を押しながら選択し、［コンストラクション］を選択します。
［スケッチを終了］でスケッチを終了します。

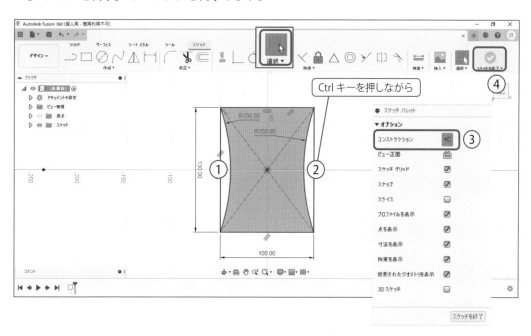

ワンポイントアドバイス

コンストラクションにした線は、基準線となり、破線で表現されます。モデルを作る際に基準としたいが、モデル自体の輪郭線などには関係ない線は、[コンストラクション]で基準線にしましょう。

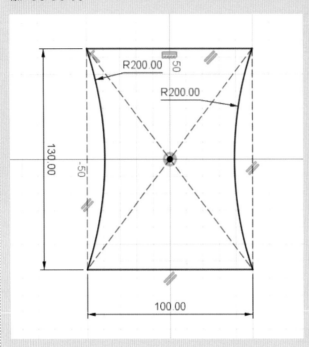

3.3 横向きスケッチの作成

以下の図形を描きます。

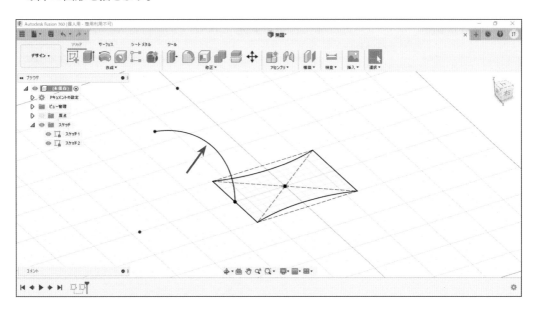

横向きの平面に円弧を作成します。[作成] - [スケッチ作成] を選択し YZ 平面を選択します。

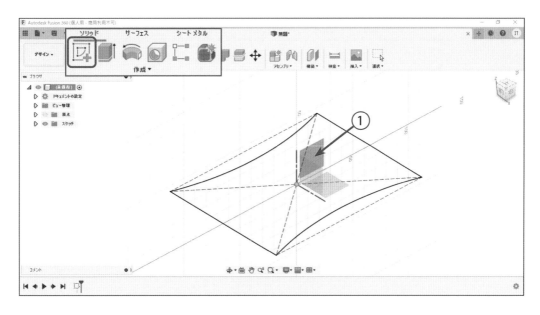

［作成］-［円弧］-［3点指定の円弧］を選択し、初めの点は、スケッチ1の端点を選択します。
円弧を作成後に、紫色のポイントが出ます。

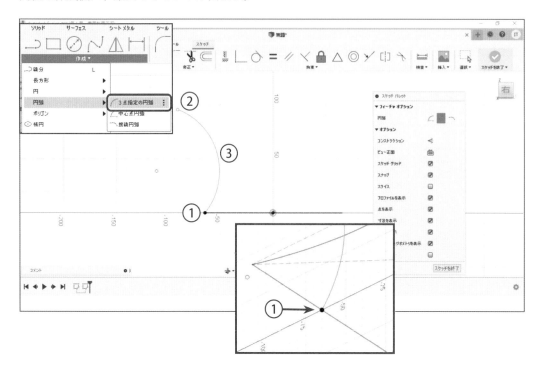

以下のように寸法と拘束を付けます。

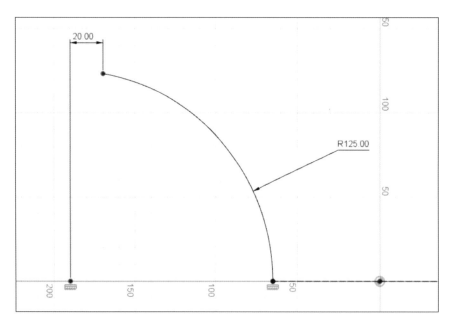

［作成］-［スケッチ寸法］で以下のように寸法を付けます。

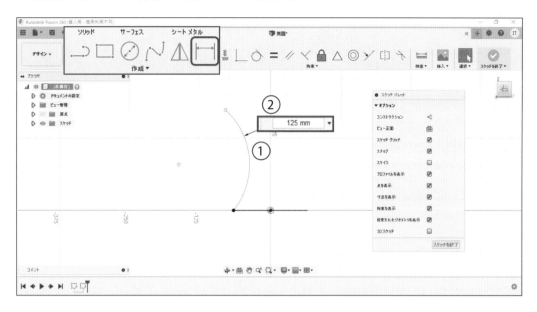

円弧の中心点と、円弧の角の点に 20 mm の寸法を付けます。

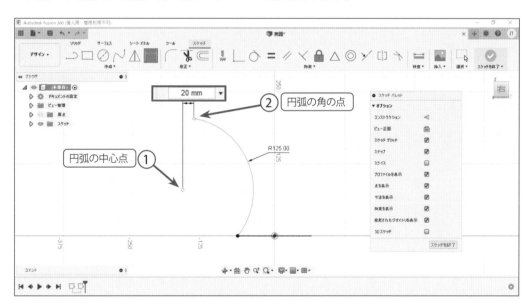

大きく形が崩れた場合、Esc キーまたは［選択］を選択し、コマンドを何も取っていない状態でポイントをドラッグして形を整えてください。

［水平／垂直］で、円弧の中心点と円弧の角の点を水平にします。

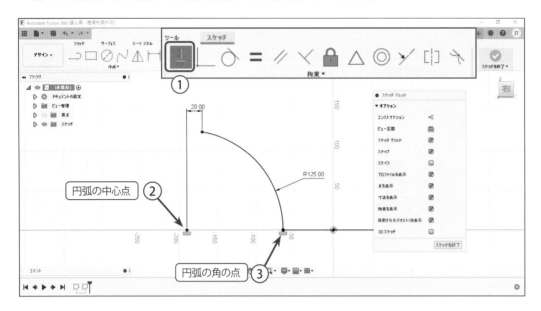

このような円弧ができたら完成です。

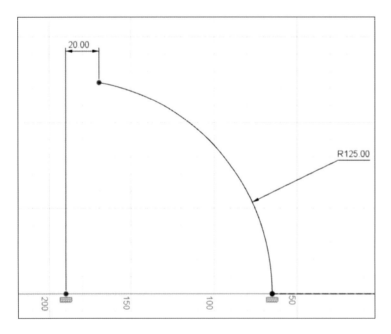

［スケッチを終了］でスケッチを終了します。

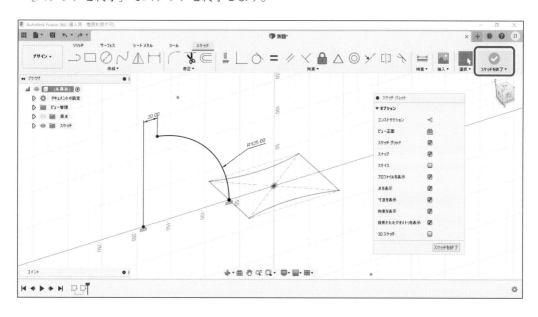

3.4 曲線上スケッチの作成

［構築］-［パスに沿った平面］で曲線の先端に平面を作成します。

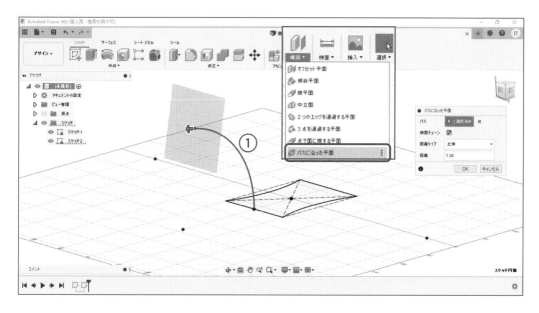

［作成］-［スケッチ作成］で作成した平面を選択します。

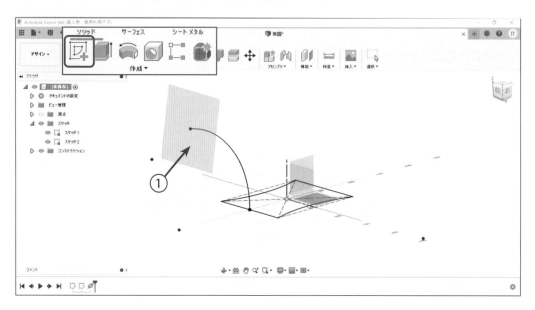

これから次のスケッチを作成していきます。

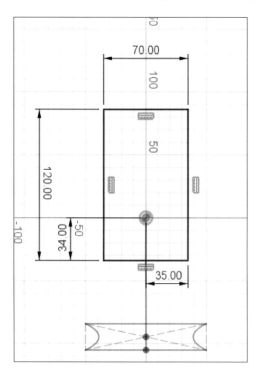

［作成］-［長方形］-［2 点指定の長方形］で縦 120 mm、横 70 mm の長方形を描きます。1 点目をクリックした後に出てくる数値ダイアログで寸法を同時に入力しましょう。

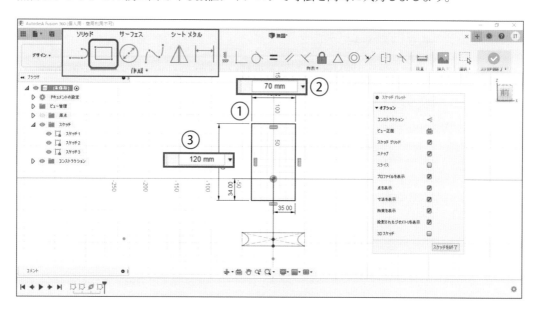

［作成］-［スケッチ寸法］で、以下のように寸法を入れます。

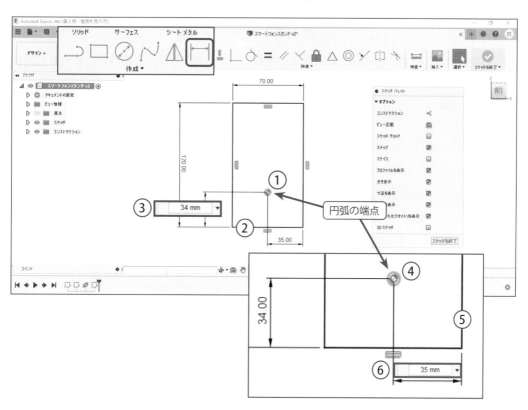

以下のスケッチが確認できたら、［スケッチを終了］でスケッチを終了します。

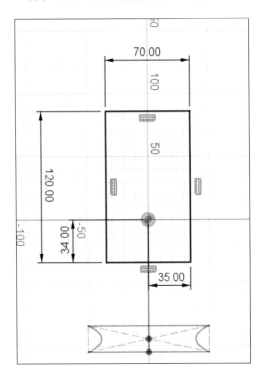

［修正］-［パラメータを変更］を選択します。

この機能では、作成した寸法に数式を利用することができ、数値を変えるだけで一括でカタチを変えることができます。

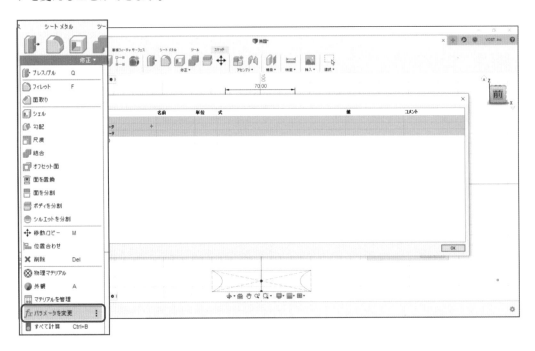

　スケッチ3の「70 mm」の名前を「a」に変更します。また、「35 mm」の式を「a/2」に変更します。

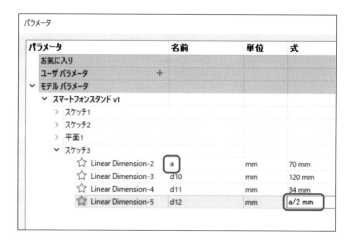

　このように、数値をパラメータ化することで、例えば70 mmを100 mmに変更すると、下の寸法も追従して50 mmに変わります。

計算結果の寸法は、頭に「fx:」と付きます。

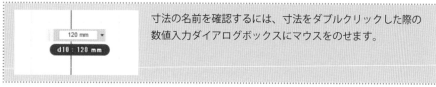

寸法の名前を確認するには、寸法をダブルクリックした際の数値入力ダイアログボックスにマウスをのせます。

このようになったらスケッチの完成です。

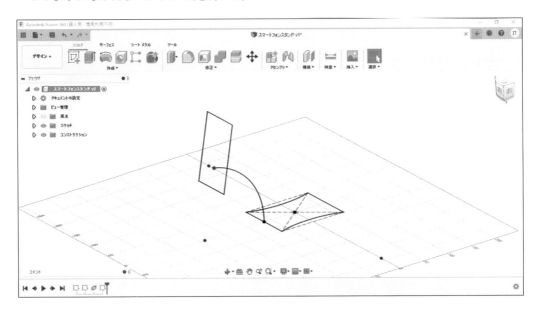

［パラメータを変更］で使用できる関数

［パラメータを変更］には、ドキュメント内に作成してきたパラメータ（変数）がすべて格納されています。

この中の数値を変更すると、自動的にすべての計算が再度行われ、変数の変更により形状を変更することができます。

例えば、スマートフォンスタンドを作るには、スマートフォンを置く位置の幅や高さが重要であるため、パラメータとして特別な名前を付けておくことで、他のパラメータより重要だということがわかるようになります。

また、この機能では、以下のような関数を使用することができます。

+	加算	sin(expr)	指定数値の正弦を返します。
-	減算	cos(expr)	指定数値の余弦を返します。
*	乗算	tan(expr)	指定数値の正接を返します。
/	除算	floor(expr)	指定数値以下の最大の整数値を返します。
^	べき乗	ceil(expr)	指定数値以上の最小の整数値を返します。
PI	円周率	round(expr)	指定数値を四捨五入した整数値を返します。
		abs(expr)	指定数値の絶対値を返します。

3.5 ［作成］-［ロフト］を使った形状の作成

［作成］-［ロフト］コマンドを使用して、形状を作成します。

「プロファイル」で上下のスケッチを選択、「ガイドタイプ：中心線」でガイドの曲線を選択
します。

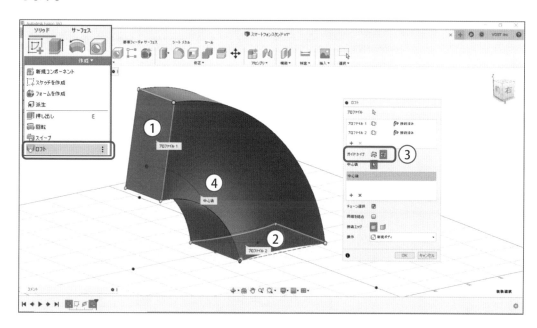

形状をカットするためのスケッチを YZ 平面に描きます。

［作成］-［スケッチを作成］で YZ 平面を選択します。

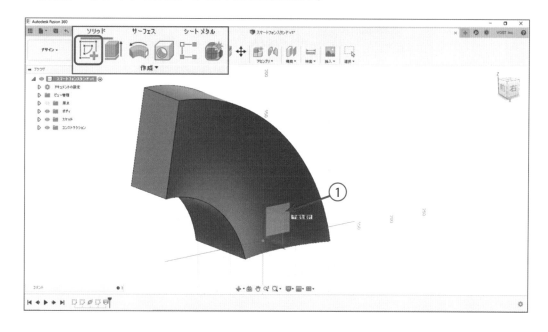

[作成] - [線分] で以下の曲線を作成します。

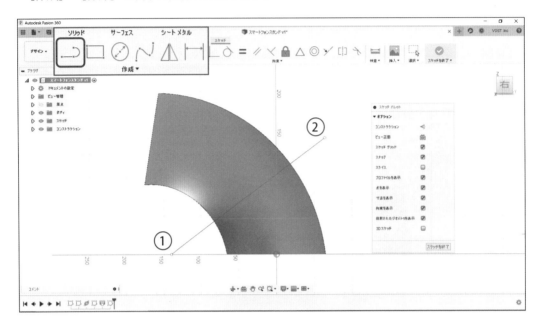

[スケッチ] - [スケッチ寸法] で以下のように寸法を作成します。

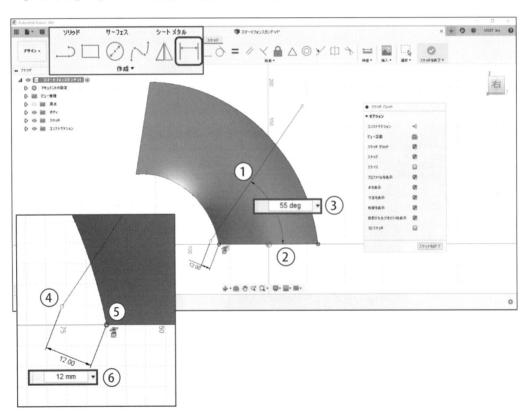

大きく形が崩れた場合、Escキーまたは［選択］を選択し、コマンドを何も取っていない状態でポイントをドラッグして形を整えてください。

［拘束］-［水平/垂直］で、線のポイントと形状のポイントを水平にします。

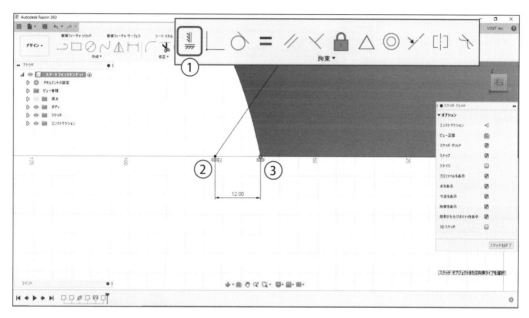

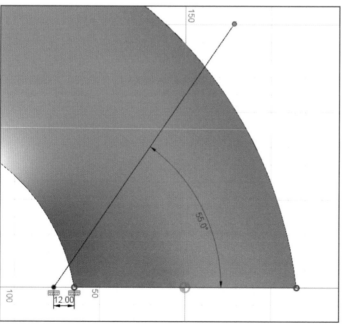

［修正］-［ボディを分割］で形状を分割します。

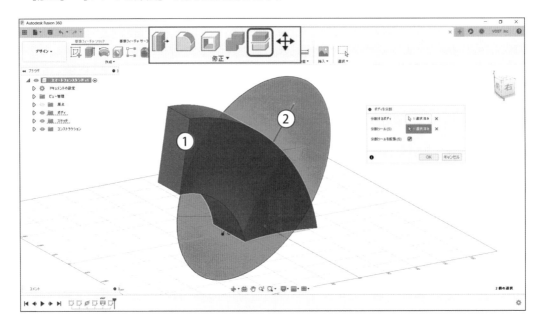

ブラウザから、「ボディ1」を右クリックし、「除去」で削除します。

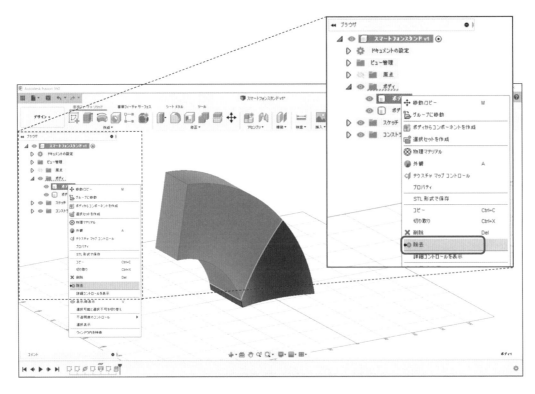

3.6 形状を修正しよう

［修正］-［フィレット］で四隅に R10 mm を付けます。

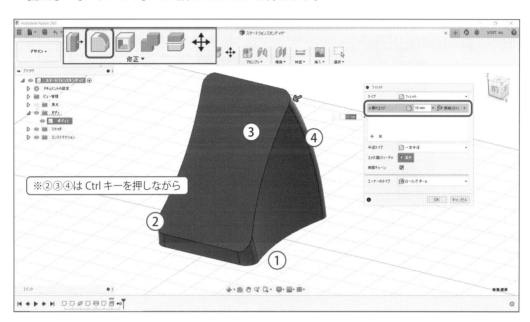

［作成］-［スケッチを作成］でカットした平面を選択します。

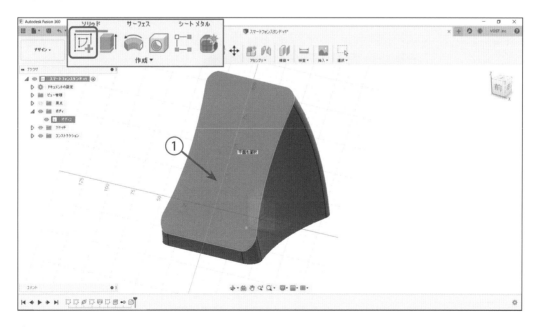

［作成］-［円］-［中心と直径で指定した円］でR15 mm の円を描きます。

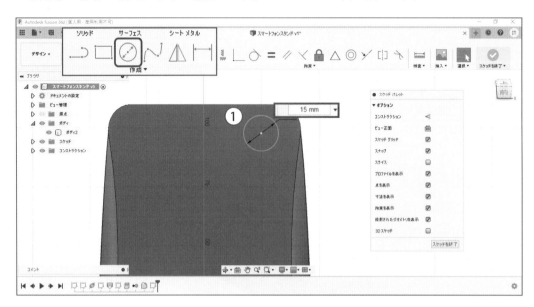

円の位置を［作成］-［スケッチ寸法］で修正します。上のエッジと中心点の間を 15 mm に します。

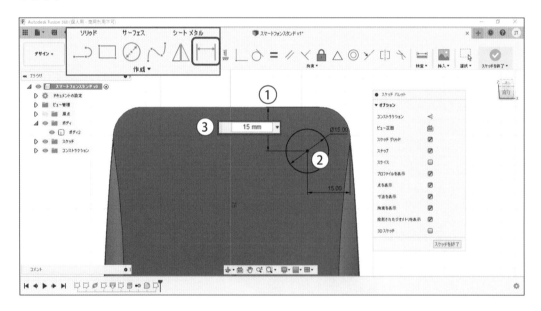

残りの寸法も入れます。

寸法を入れ終わったら、[スケッチを終了] でスケッチを終了します。

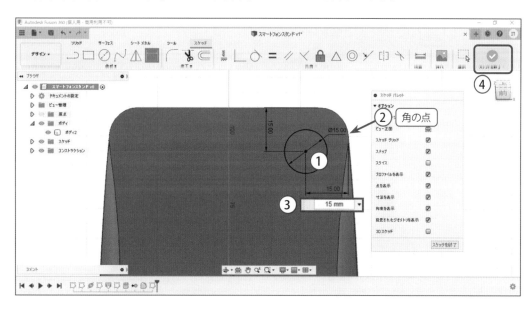

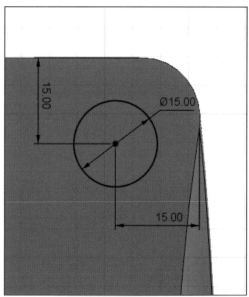

［作成］-［押し出し］の「操作：切り取り」で、5mmへこませます。

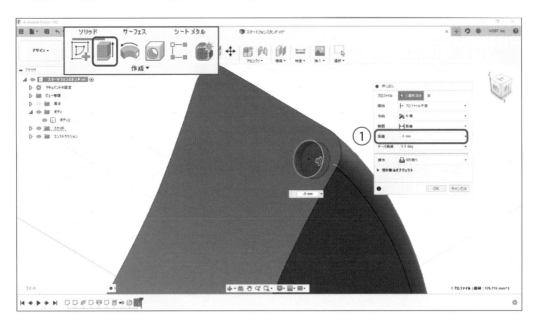

［作成］-［パターン］-［矩形状パターン］で、穴を並べます。
「オブジェクト」で、穴の底面と側面を選択します。

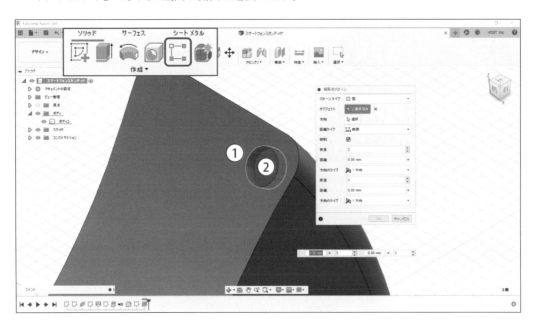

「方向」で、X 軸を選択します。

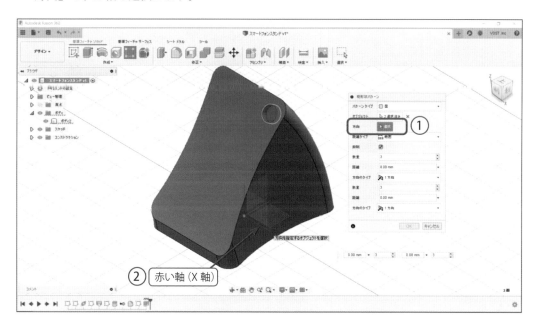

矢印をドラッグし、左右に4つ、縦に5つ並べます。

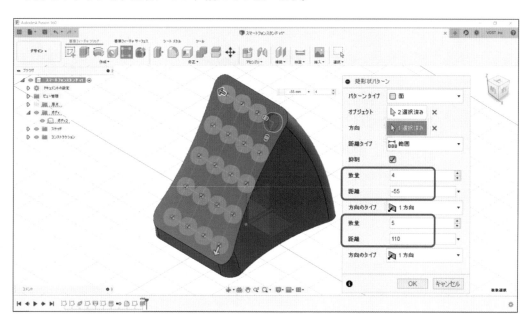

［作成］-［押し出し］で、一番下の2つの穴を20 mm 伸ばします。

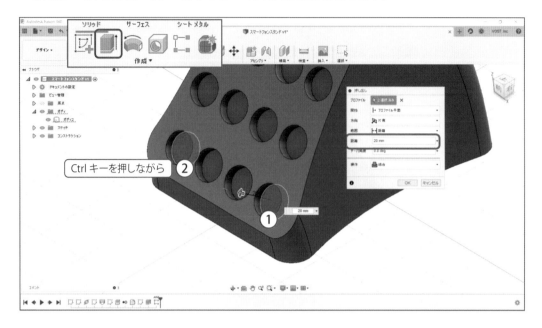

完成です！

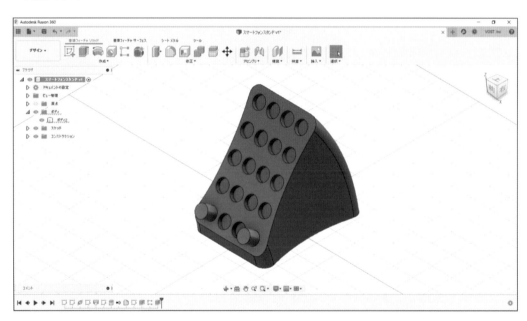

3.7 ［パラメータを変更］を使った設計変更

［修正］- ［パラメータを変更］を選択します。

「スケッチ1」の「100 mm」に「w」という名前をつけます。

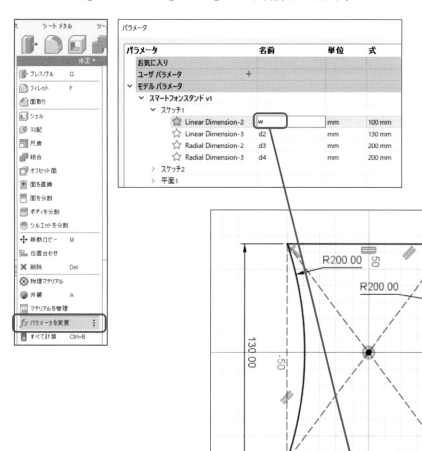

続けて、「R パターン 1」の「–55 mm」の部分に「–w / 2 – 5」と入力します。

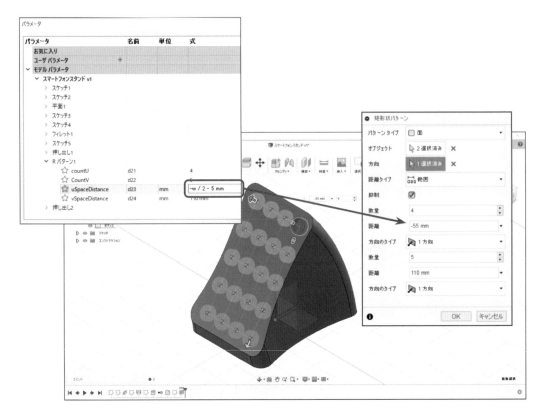

「w」の値を 130 mm に変更し、幅が変化すると同時に、丸い装飾のピッチが変わったのが確認できます。

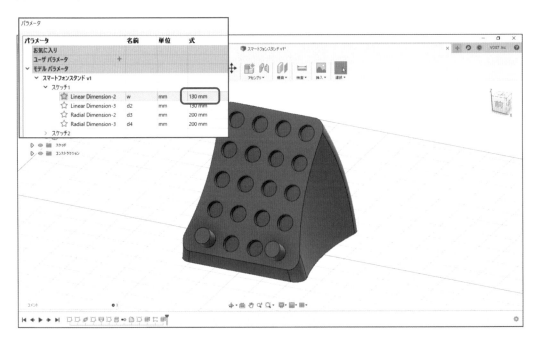

3.8 課題『水差し』

以下の画像の水差しを作ってみましょう。

完成品

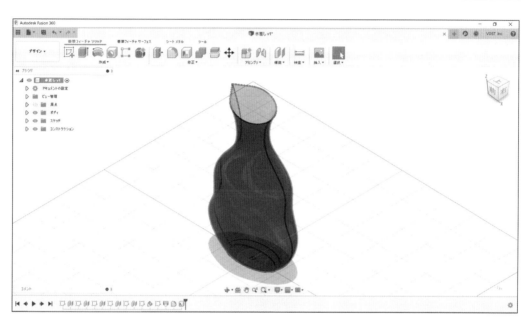

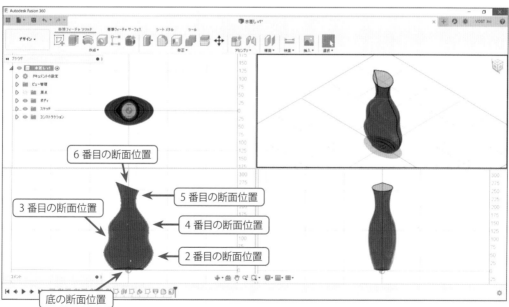

6番目の断面位置

5番目の断面位置

3番目の断面位置

4番目の断面位置

2番目の断面位置

底の断面位置

作成の条件

● 底の断面位置のスケッチ

横 90 mm、縦 50 mm の楕円を描きます。

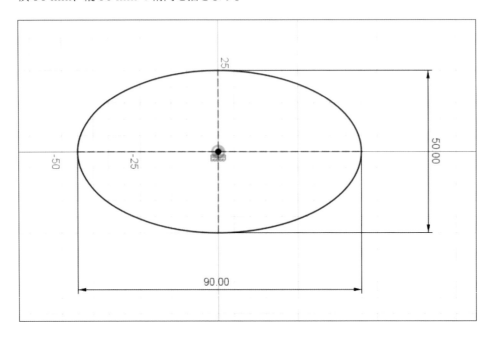

● 2 番目の断面位置の高さ：底の断面位置から 55 mm
● 2 番目の断面のスケッチ

横 160 mm、縦 86 mm の楕円を描きます。

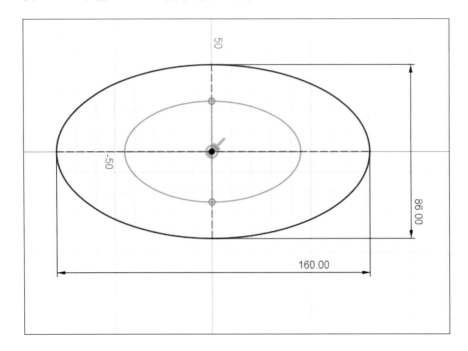

- 3番目の断面位置の高さ：2番目の断面位置から40mm
- 3番目の断面のスケッチ

  横130mm、縦94mmの楕円を描きます。

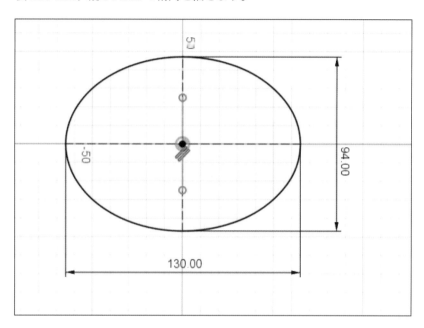

- 4番目の断面位置の高さ：3番目の断面位置から40mm
- 4番目の断面のスケッチ

  横130mm、縦90mmの楕円を描きます。

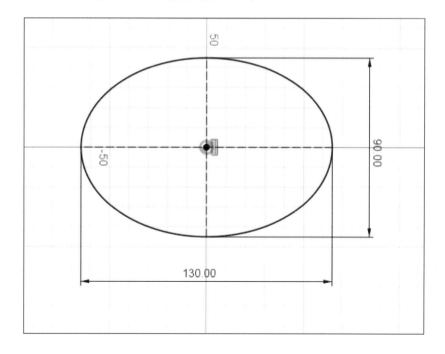

● 5 番目の断面位置の高さ：4 番目の断面位置から 65 mm
● 5 番目の断面のスケッチ
　直径 50 mm の円を描きます。

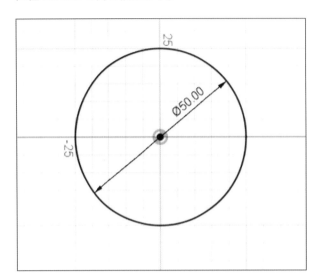

● 6 番目の断面位置の高さ：5 番目の断面位置から 60 mm
● 6 番目の断面位置の角度：6 番目の断面位置の原点を基準に 20°傾いた平面を作成
● 6 番目の断面のスケッチ

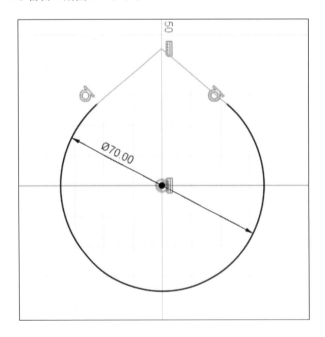

● 底のフィレット半径：10 mm
● 水差しの厚さ：1.5 mm

作成のヒント

※以下の作成方法はあくまで一例です。いろいろな作り方を試してみてください。

①［楕円］は原点を中心とし、端点を軸上に置くことで拘束が自動的に付きます。①中心点、
　②軸上の点、③通過点の順番で選択します。
②不要な紫色のスケッチ（参考線）が作成された場合は、［標準 / コンストラクション］で
　基準線に変更してください。
③角度の付いた平面は、［傾斜平面］で作成できます。
④傾斜平面を作成するには基準となる軸が必要ですので、あらかじめスケッチで線分を用意
　しておきましょう。
⑤6番目のスケッチは、円と線分を［接線］にするときれいにつながります。
⑥6番目のスケッチは、［水平 / 垂直］を利用して注ぎ口を整えてください。

今回のモデル作成のための推奨コマンド

- ［作成］（スケッチ内）-［線分］
- ［作成］（スケッチ内）-［楕円］
- ［作成］（スケッチ内）-［スケッチ寸法］
- ［作成］-［ロフト］
- ［修正］-［フィレット］
- ［修正］-［シェル］
- ［構築］-［オフセット平面］
- ［構築］-［傾斜平面］

解答

解答は、以下 URL にてご紹介しております。

　https://cad-kenkyujo.com/book/（「スリプリブック」で検索）

第4章

プロペラを作ろう

次の内容を学習します。

- 線の描き方
- 平面の作成方法
- 作業スペースの切り替え方法
- サーフェスモデリング
- ブラウザの使い方

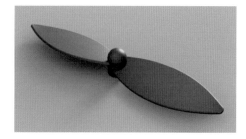

4.1 この章の流れ

ベーシック編からアドバンス編の第2章までは、中身の詰まったソリッドモデリングという方法を使用していました。この章では、プロペラを作成しながら、曲面を作成するのが得意なサーフェスモデリングという厚みのない面からモデリングする方法を学習します。

ソリッドモデリングで中央のシャフトを作成します（4.2節）。

サーフェスモデリングに使用するためのスケッチを作成します（4.3節）。

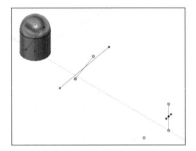

プロペラ部分をサーフェスモデリングで作成します（4.4節）。

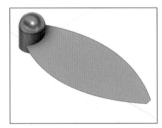

4.2　シャフトの作成

［作成］-［スケッチを作成］で、XY平面を選択します。

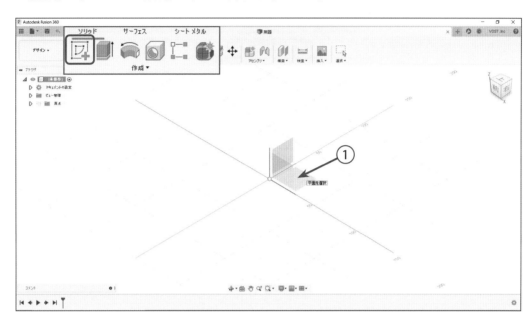

　［作成］-［円］-［中心と直径で指定した円］で原点を中心点とする 4.5 mm の円を描き、［スケッチを終了］でスケッチを終了します。

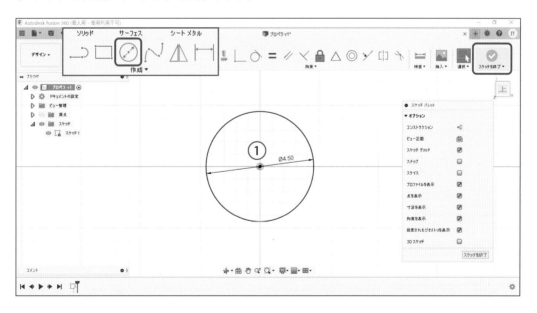

［作成］-［押し出し］で6 mm伸ばします。

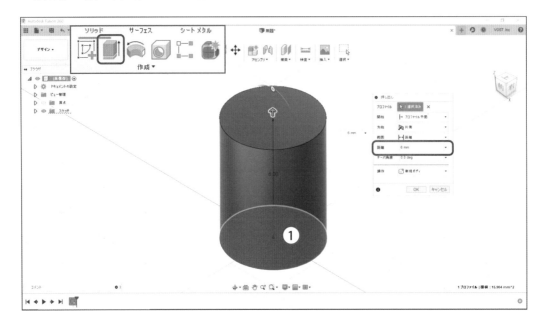

［修正］-［フィレット］で先端にR4.5 / 2 mmのフィレットを付けます。

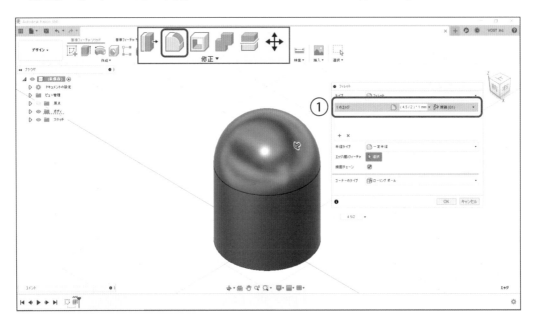

　計算式を入力すると、自動的に計算した結果の数値が入ります。

4.3　プロペラの断面曲線の作成

［作成］-［スケッチを作成］でYZ平面を選択します。

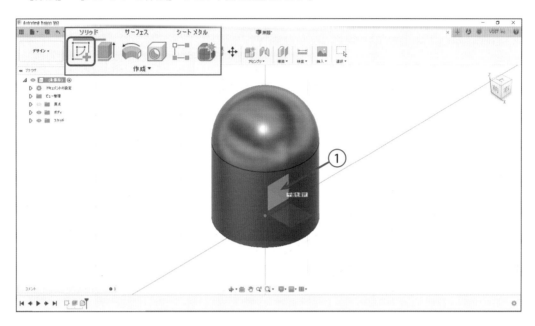

「スケッチ パレット」の「スライス」にチェックを入れます。

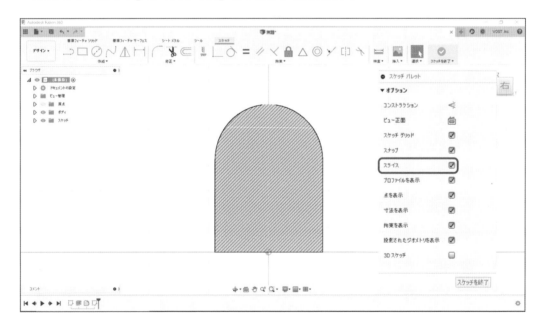

[作成] - [線分] を選択し、「スケッチ パレット」の [コンストラクション] を有効にし、原点から垂直に線分を描きます。

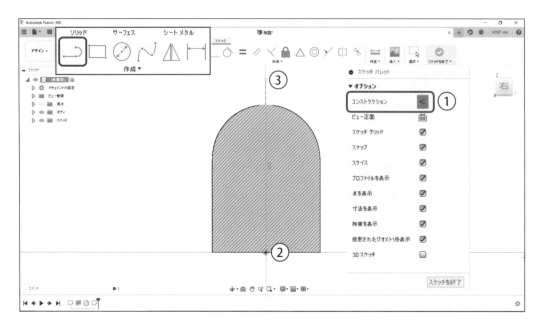

「スケッチ パレット」の [コンストラクション] を無効にし、[作成] - [線分] で斜めの線分を描きます。

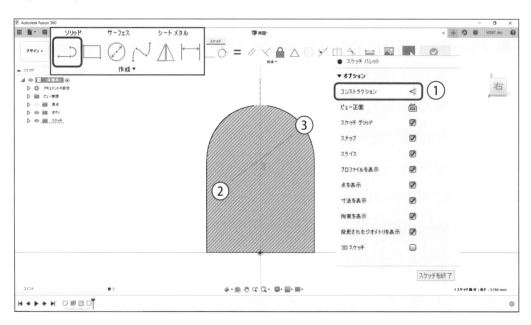

　［作成］-［スケッチ寸法］で水平方向の長さ 3.7 mm、低い点の垂直方向の高さ 1.25 mm、高い点の垂直方向の高さ 3.25 mm の寸法を付けます。

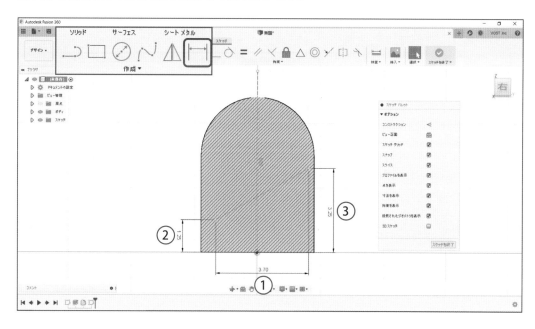

　［拘束］-［中点］で基準線と線分を選択し、中点を一致させます。ここまでできたら、［スケッチを終了］でスケッチを終了します。

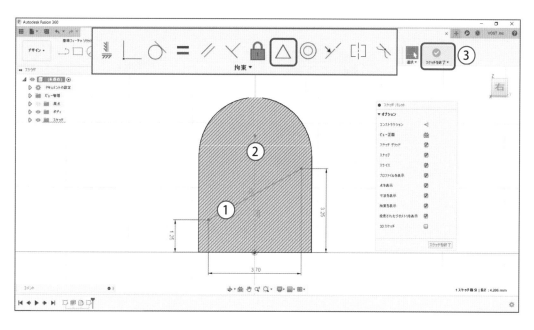

ブラウザから原点を表示します。

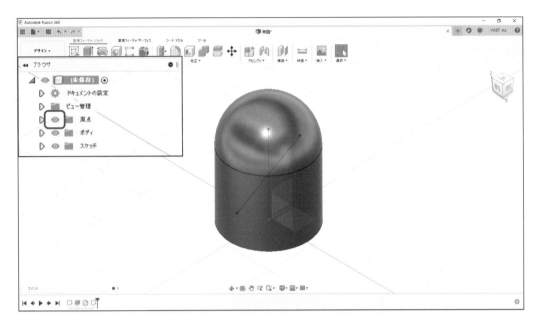

［構築］-［オフセット平面］で、YZ 平面を 10 mm オフセットした平面を作成します。

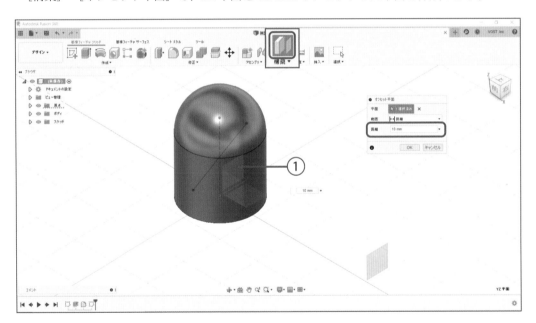

ブラウザから原点を非表示にします。

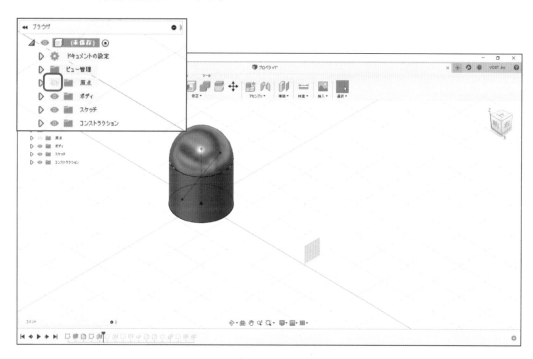

［作成］-［スケッチを作成］で、オフセット平面を選択します。

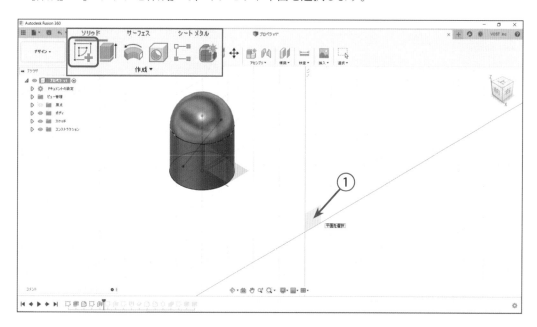

［作成］-［線分］で斜めに線分を描きます。

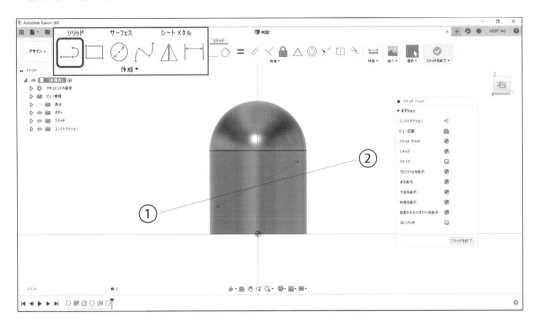

［作成］-［スケッチ寸法］で水平方向の長さ 10 mm の寸法を付けます。

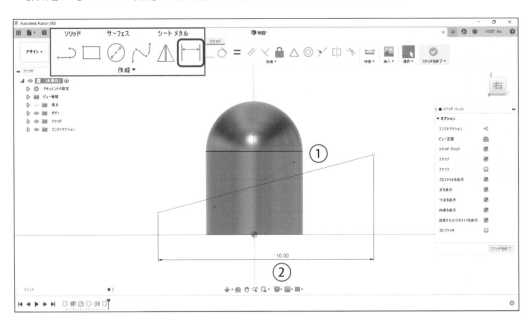

［拘束］-［中点］で「スケッチ２」の線分と今作成した線分の中点を一致させます。

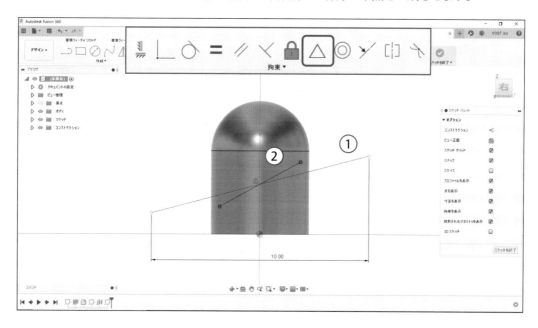

［拘束］-［水平 / 垂直］で「スケッチ２」の低い点と作成した線分の低い点を同じ高さにし、［スケッチを終了］でスケッチを終了します。

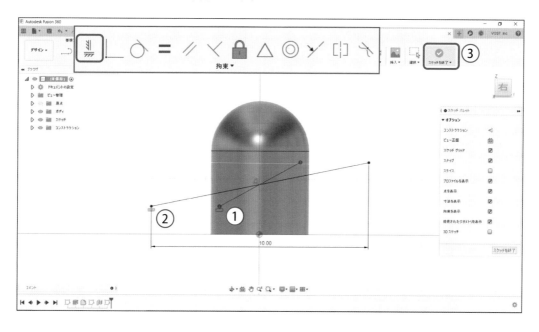

スケッチの投影機能

　形状の面を選択してスケッチを作成し、［オフセット］や［スケッチ寸法］などのコマンドで参考にした場合は、紫色のスケッチが新たに作成されます。

　これは、形状のエッジをスケッチ平面上に投影した曲線です。

　同様の曲線を作成するコマンドが、［作成（スケッチ）］-［プロジェクト / 含める］-［プロジェクト］です。プロジェクトは、パソコンの画面を映す「プロジェクター」のイメージで、「投影」という意味になります。

　選択したエッジを、現在描いているスケッチ平面に投影し、新たな曲線として取り出します。

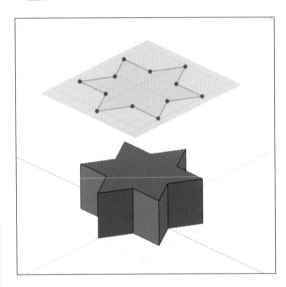

　他にも、以下のようなコマンドがあります。

　［作成（スケッチ）］-［プロジェクト / 含める］-［交差］は、選択した形状とスケッチ平面の断面を曲線として取り出すコマンドです。

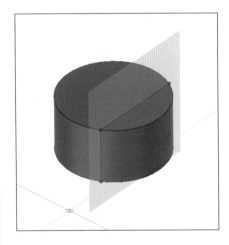

ブラウザで「平面1」を表示します。

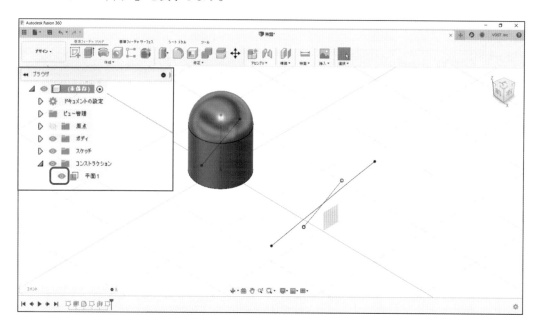

［構築］-［オフセット平面］で「平面1」から 17 mm オフセットした平面を作成します。

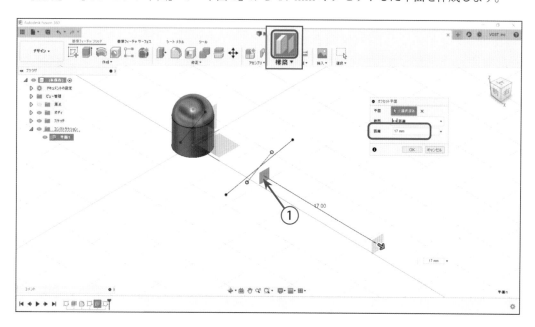

[作成] - [スケッチを作成] でオフセットした平面にスケッチを作成します。ブラウザで、「平面 1」を非表示にします。

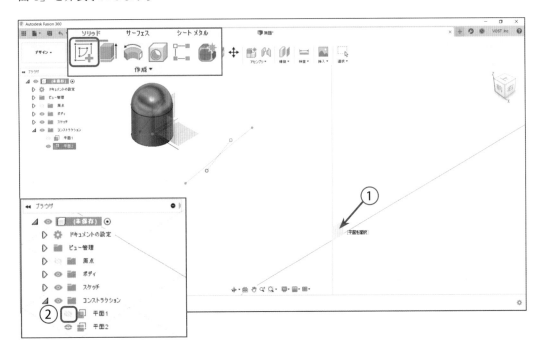

[作成] - [線分] で斜めに線分を描きます。

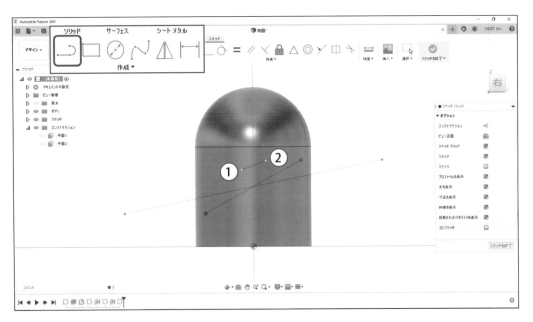

［作成］-［スケッチ寸法］で水平方向の長さ 1 mm の寸法を付けます。

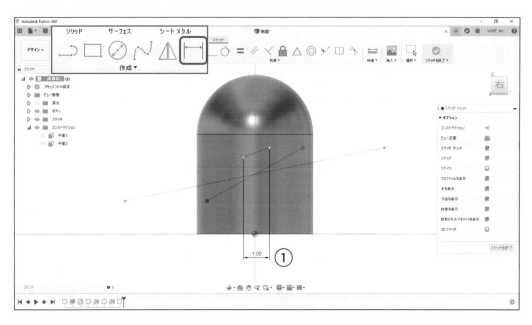

［作成］-［点］で、線分の中点に点を作成します。

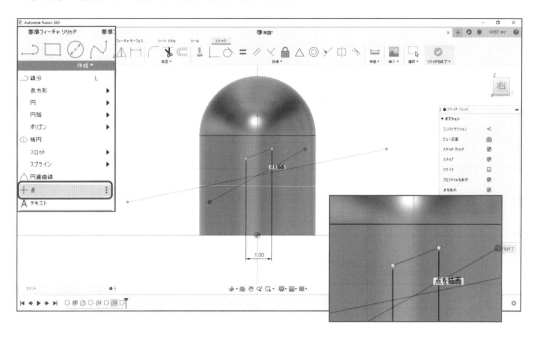

「スケッチ 3」の低い点と作成した線分の低い点の垂直方向に 1 mm の寸法を、原点から作成した線分の中点に 2.5 mm の寸法を付けます。

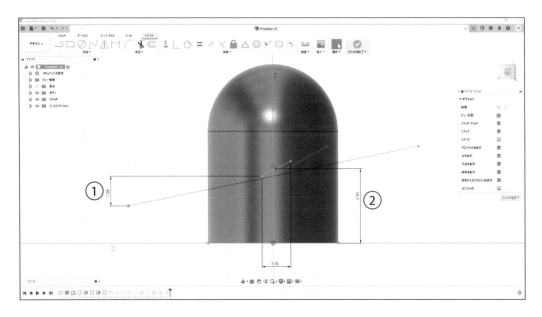

［拘束］-［一致］で作成した線分の中点と中心の基準線を一致し、［スケッチを終了］でスケッチを終了します。

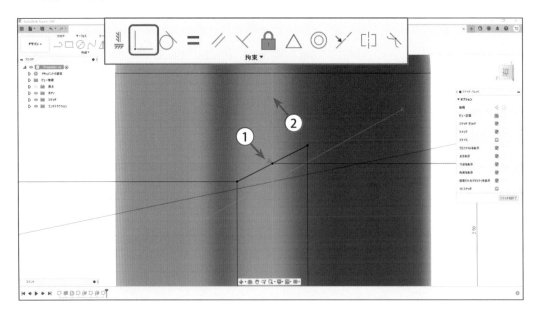

4.4 プロペラ形状の作成

ツールバータブを［サーフェス］に切り替えます。

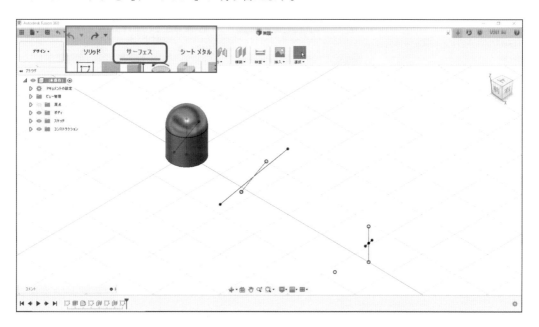

［作成］-［ロフト］で作成した3本の線分を選択します。

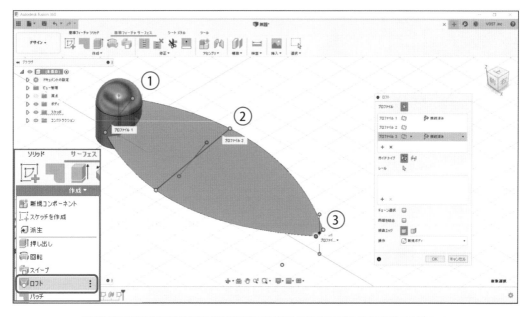

 ワンポイントアドバイス

［サーフェス］ツールバータブでは、厚みが0のサーフェスと呼ばれる面を扱うことができます。このサーフェスに厚みを付けたり、サーフェスが隙間なく集合した際に、中が詰まった「ソリッド」の状態となります。
［ソリッド］ツールバータブは、ソリッドを扱う作業スペースです。

［作成］-［厚み］で「方向」を「対称」に設定し、「厚さ」を 0.25 mm としてボディを作成します。

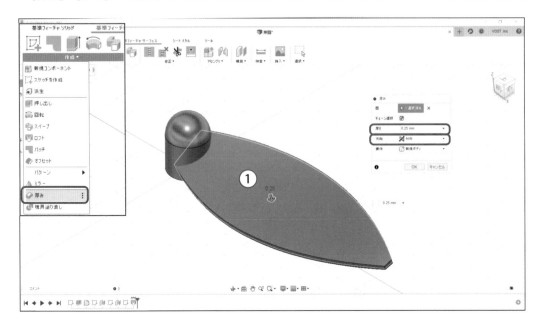

［修正］-［フィレット］で羽根の先端エッジに R0.8 mm のフィレットを付けます。

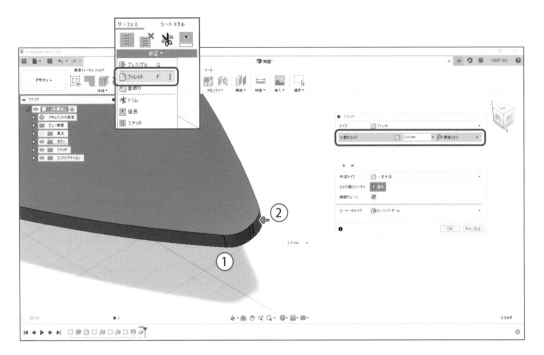

続いて、上下の外周エッジに R0.25 mm のフィレットを付けます。

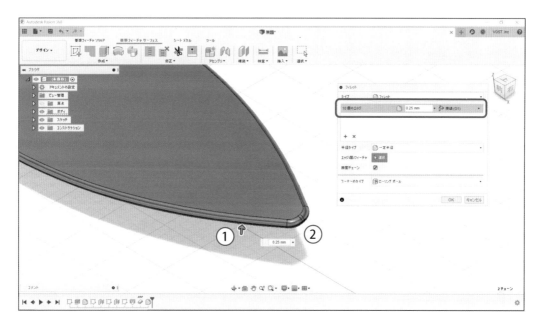

[作成] - [パターン] - [円形状パターン] で羽根を 2 枚にします。

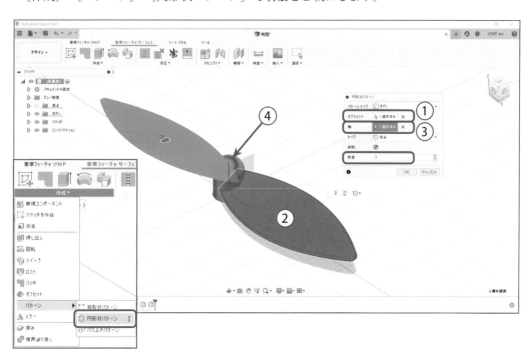

ツールバータブを［ソリッド］に切り替えます。

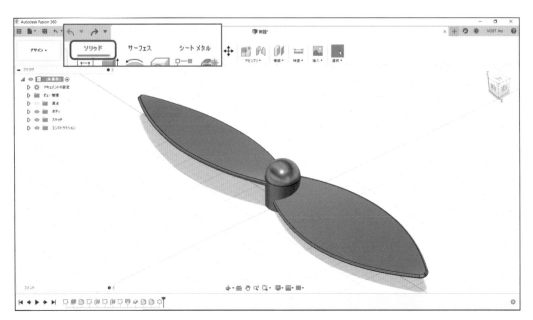

［修正］-［結合］で「ターゲット ボディ」に中心軸、「ツール ボディ」に2枚の羽根を選択します。「操作」を「結合」に設定し、「ツールの維持」のチェックは外しておきます。

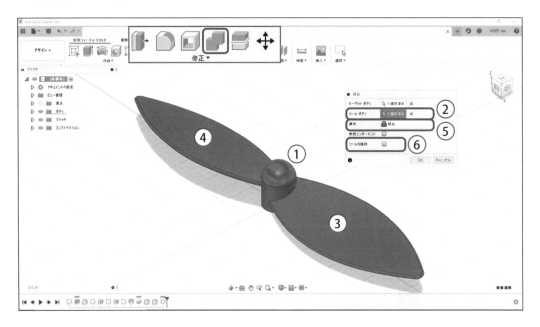

［作成］-［スケッチを作成］でXY平面を選択します。

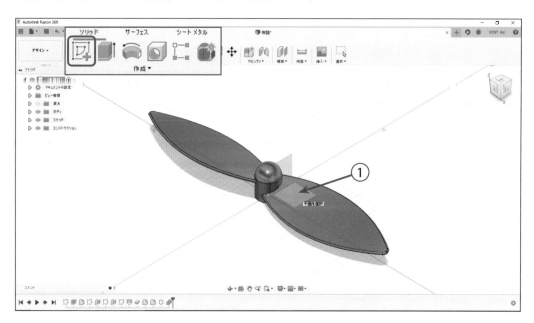

［作成］-［円］-［中心と直径で指定した円］を選択し、原点を中心に3 mmと1.5 mmの円を描き、
［スケッチを終了］でスケッチを終了します。

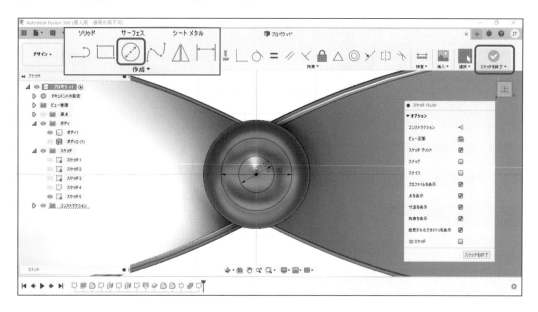

［作成］-［押し出し］で、3 mm の円でプロペラの軸を 0.8 mm 切り取ります。

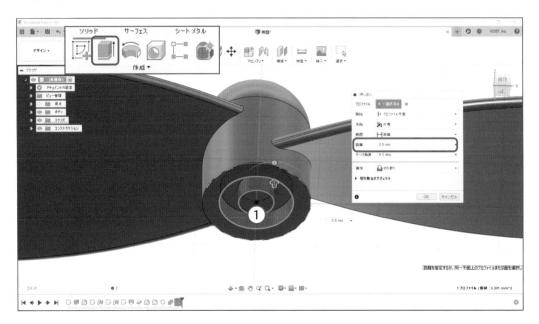

ブラウザから「スケッチ 5」を表示します。

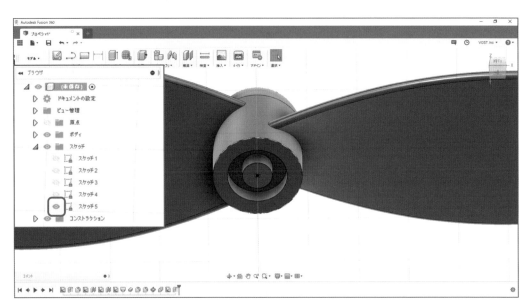

［作成］-［押し出し］で 1.5 mm の円を 3 mm 切り取ります。

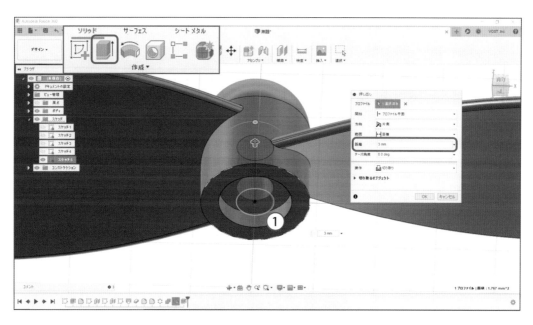

ブラウザで「スケッチ 5」を非表示にして、完成です！

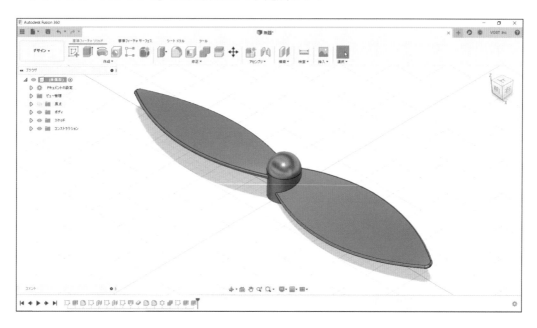

4.5 課題『ホイール』

以下の画像のホイールを作ってみましょう。

完成品

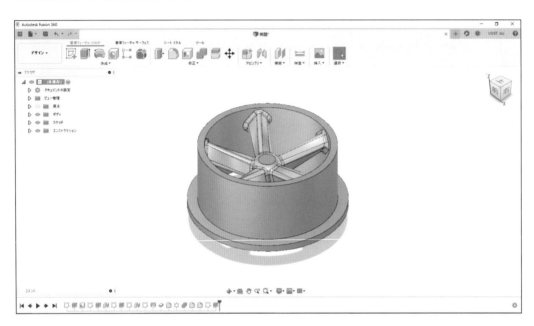

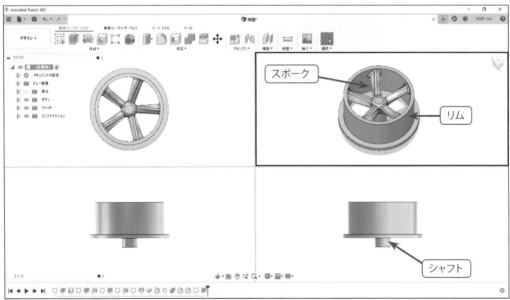

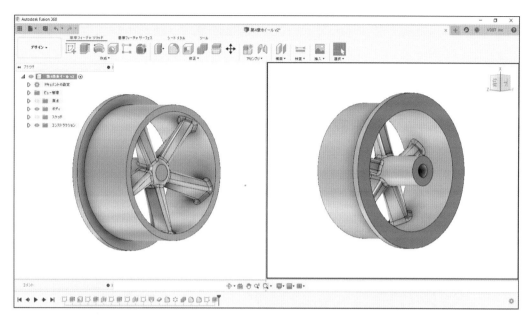

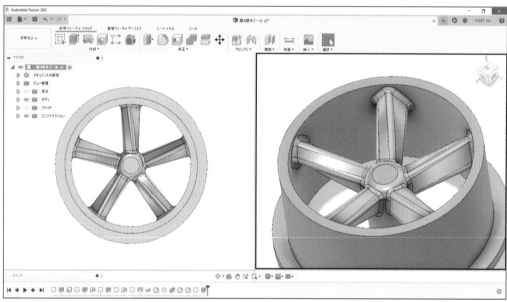

作成の条件

● リム部分のサイズ

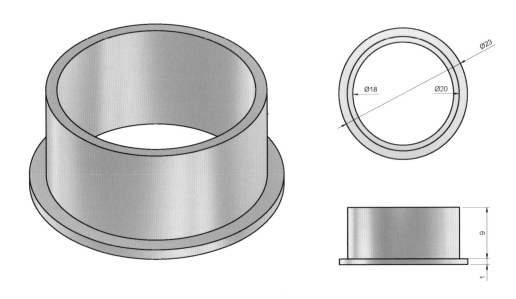

● シャフトのサイズ

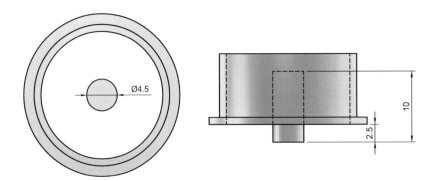

● スポーク：シャフト中心軸に作成した3 mmの線分（スケッチ①）と、シャフト中心から
　9.5 mm外側に作成した角度を付けた3 mmの線分（スケッチ②）の2つの線分を［ロフト］
　でつないで作成します。

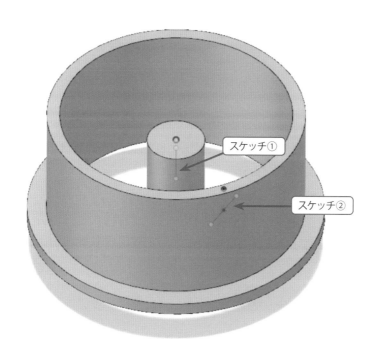

● スポークのスケッチ（シャフト中心軸側　スケッチ①）

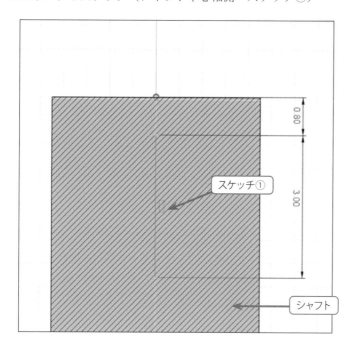

● スポーク外側のスケッチ②はシャフト中心軸から 9.5 mm 離れた平面に作成
● スポークのスケッチ（シャフト外側　スケッチ②）

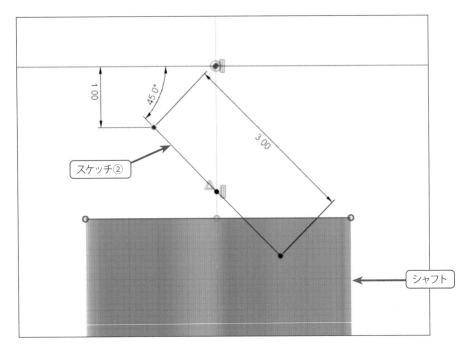

● スポークの厚さ：2 mm
● スポークは 5 本
● シャフト先端のフィレット半径：1 mm
● スポークの側面、シャフトとスポークの接続部分、スポークとリムの接続部分のフィレット半径：0.5 mm
● シャフトの底面の穴：直径 2 mm、深さ 7.5 mm

┃┃ 作成のヒント

※以下の作成方法はあくまで一例です。いろいろな作り方を試してみてください。

①スポーク外側のスケッチは、端点に［対称］の拘束を付けると中心に揃えることができます。
②閉じていない線を使用して［ロフト］を行う場合は、作業スペースを［パッチ］に切り替えます。
③外側にスケッチを描くためには、［オフセット平面］を使用すると、離れた位置にスケッチを作成できます。
④フィレットを付けるのは、リムとスポークとシャフトを［結合］した後でないと、接続部にフィレットを付けられません。
⑤［パターン］を行うときは、「パターンタイプ」を「ボディ」にします。

今回のモデル作成のための推奨コマンド

- ［作成］（スケッチ内）-［線分］
- ［作成］（スケッチ内）-［円］-［中心と直径で指定した円］
- ［作成］（スケッチ内）-［スケッチ寸法］
- ［作成］-［押し出し］
- ［作成］-［ロフト］（［サーフェス］）
- ［作成］-［厚み］
- ［作成］-［パターン］-［円形状パターン］
- ［修正］-［フィレット］
- ［修正］-［シェル］
- ［修正］-［結合］
- ［構築］-［オフセット平面］

解答

解答は、以下 URL にてご紹介しております。

　　https://cad-kenkyujo.com/book/（「スリプリブック」で検索）

第 **5** 章

イルカのペンダントトップ を作ろう

次の内容を学習します。

- ●［フォーム］モードでの作業
- ●［作成］-［パイプ］を使ったモデリング
- ●［編集］-［フォームを編集］を使ったモデリング

　イルカのペンダントトップを作成しながら、ベーシック編8章で基本を学んだ［フォーム］モードを使いこなす練習をします。

　イルカの骨格となるスケッチを作成します（5.2、5.3節）。

　［フォーム］モードでイルカのベース形状を作成します（5.4節）。

　尾びれを分岐させてベース形状を調整します（5.5、5.6節）。

　胴体と尾びれを整えます（5.7、5.8、5.9節）。

　エッジを追加して、尾びれと頭を微調整します（5.10、5.11節）。

　背びれと胸びれを作成します（5.12、5.13節）。

　全体を整えます（5.14節）。

　子イルカを作成します（5.15節）。

　親イルカと子イルカを結合して、ペンダントトップとして仕上げます（5.15節）。

5.2 画像の配置

［挿入］-［キャンバス］を選択します。

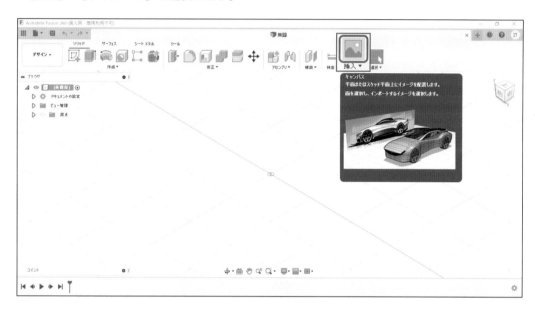

［マイコンピュータから挿入］を選択し、「iruka.jpg」を選択します。

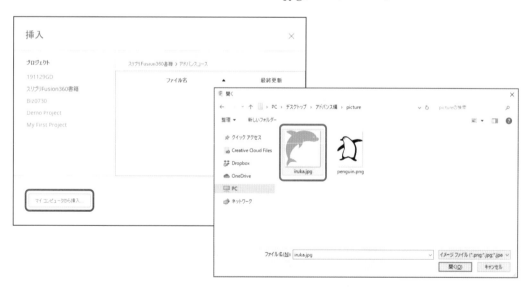

XZ 平面にイルカの画像を配置します。

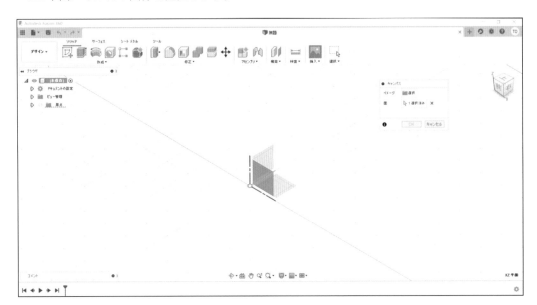

使用するデータは、以下の URL からダウンロードできます。
　　https://cad-kenkyujo.com/book/（スリプリブックで検索）
「Pictures」フォルダに入っている「iruka.jpg」ファイルを使用します。

「キャンバスの不透明度」を 80 に変更し、「透過表示」にチェックを入れ、「水平方向に反転」を選択します。

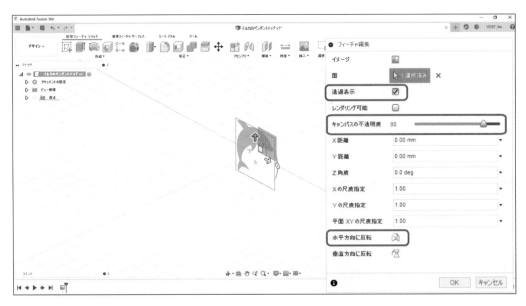

「透過表示」を ON にしておくことで、形状に透明度が付き、画像を透過して見ながらカタチを作ることができるようになります。

　ブラウザから「キャンバス」を開き、「iruka」を右クリックし、[位置合わせ]を選択します。
左端と右端をクリックし、寸法を 20 mm と設定します。

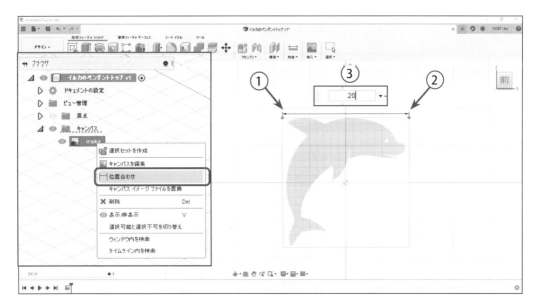

 ［位置合わせ］は選択した2点間の距離を、設定した寸法に拡大／縮小してくれます。

5.3 スケッチの作成

［作成］-［スケッチを作成］で XZ 平面を選択します。

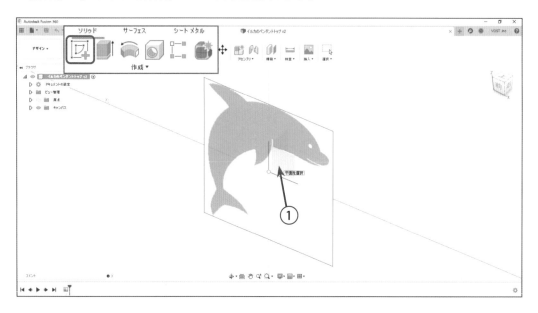

［作成］-［円弧］-［3 点指定の円弧］でイルカの骨組みを描きます。

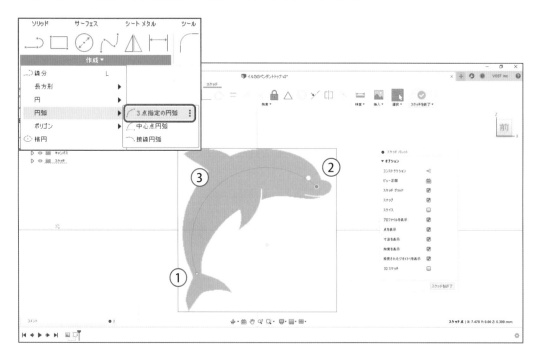

［スケッチ］-［線分］で尾びれの骨組みを片側のみ描きます。

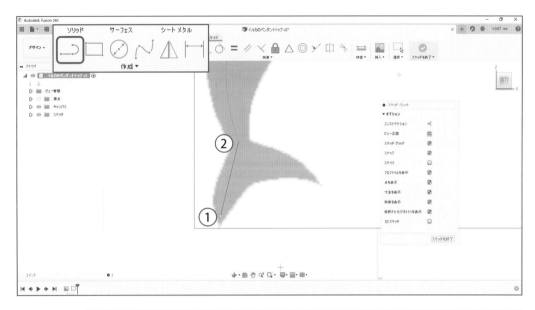

 外側から内側に向かって描いてください。円弧の端点を選択すると、自動的に直線が確定します。

描き終わったら、［スケッチを終了］でスケッチを終了します。

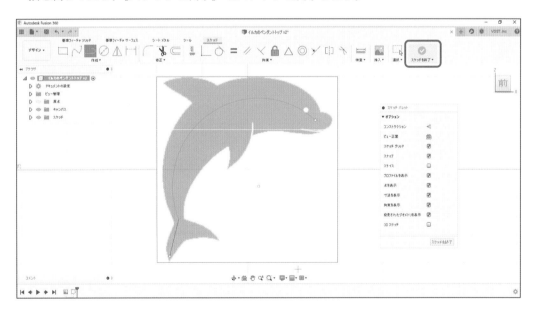

5.4 基本の形を作ろう

［作成］-［フォームを作成］を選択し、［フォーム］モードに入ります。

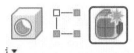

［作成］-［パイプ］で 3 mm のパイプ形状を作ります。

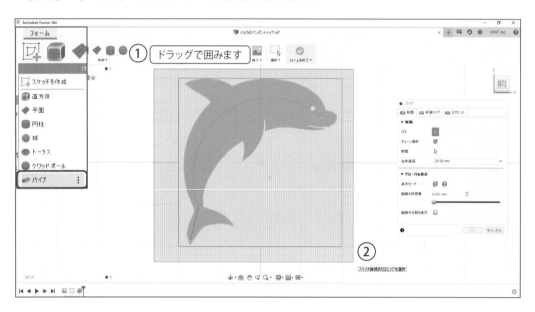

パイプ作成時に以下の設定を行います。

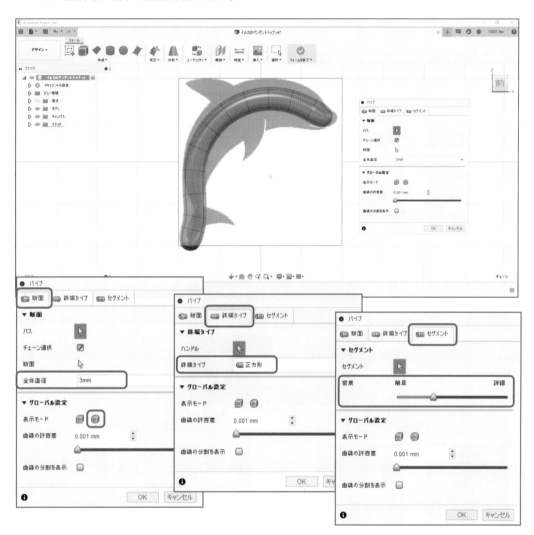

「密度」のカーソルを右に移動するほど面の分割数が大きくなります。たくさん分割することで細かい部分の作りこみがやりやすくなりますが、同時に大きな変更がしにくくなります。なるべく分割数は少なくした状態で作成するとうまくいきます。

5.5 フォームを編集の使い方

1つの軸方向に拡大／縮小します。

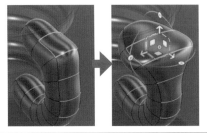

回転し、向きを変更できます。

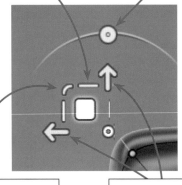

2つの軸方向に拡大／縮小します。

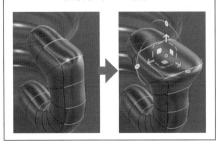

矢印の軸方向に移動します。

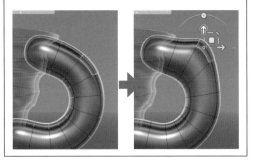

5.6 尾びれを作ろう—フォームを編集（押し出し）

［修正］-［フォームを編集］でもう片方の尾びれを作ります。分岐点の側面を選択します。

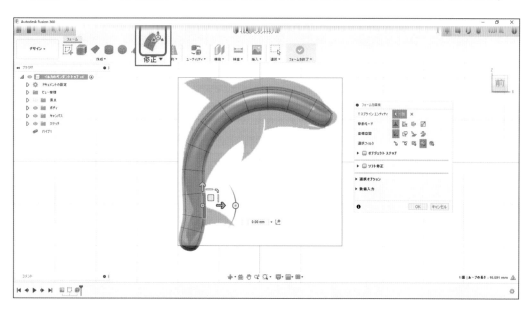

　Altキー（Macはoptionキーまたはcontrolキー）を押しながら矢印をドラッグして1ブロック分押し出します。

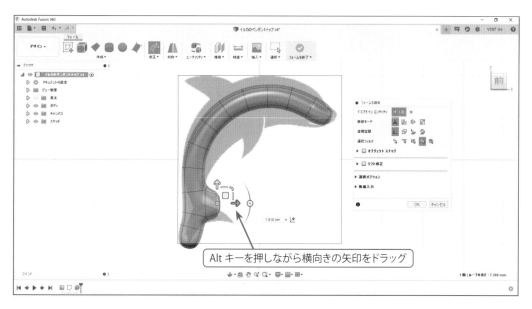

Altキーを押しながら横向きの矢印をドラッグ

ワンポイントアドバイス

Altキー（Macはoptionキーまたはcontrolキー）を押しながら矢印を引っ張ることで、部分的に形状を引き出すことができます。

この処理には時間がかかることがあります。その場合、
［ユーティリティ］-［パフォーマンス向上を有効にする］
を選択することで、処理を早くすることができます。

　一度マウスから指を離して、もう一度 Alt キーを押しながら矢印をドラッグすると、もう1
ブロック引き出せます。

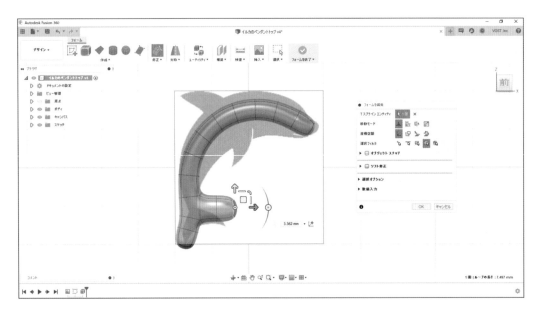

作成した部分を右から左にドラッグして囲み、回転させて角度を整えます。

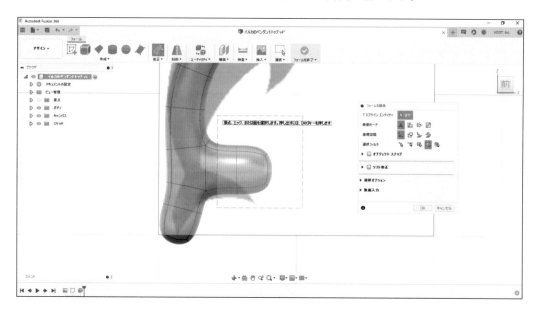

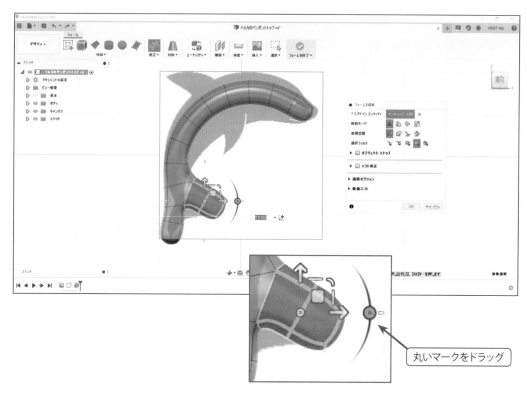

丸いマークをドラッグ

その際、マニピュレーターを操作して位置や大きさを調整します。

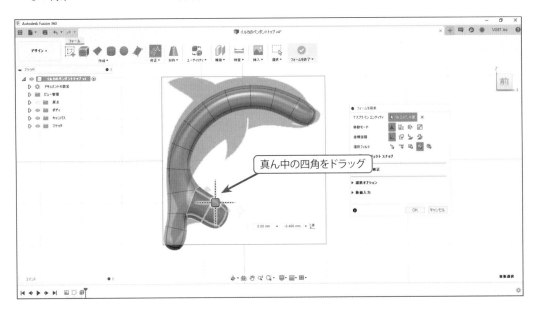

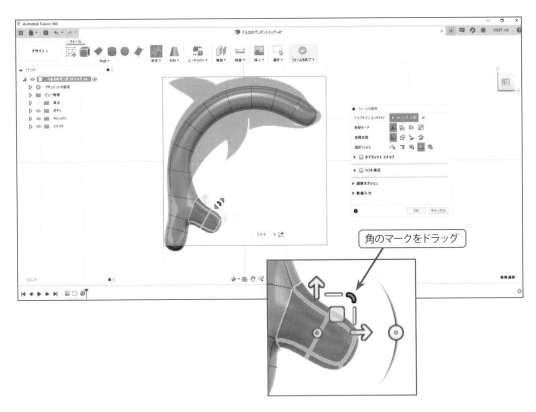

5.7 背中の形を整えよう—フォームを編集（移動）

［修正］-［フォームを編集］で形を整えます。

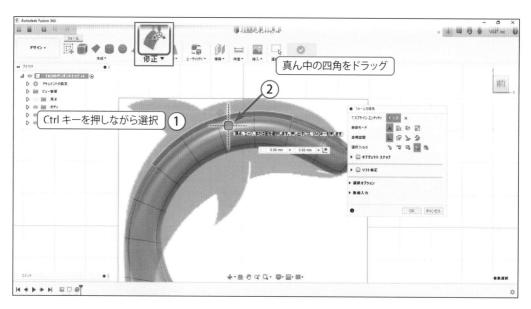

選択されていない隣の面が大きく変化するため、広く選択するとなめらかな形状に調整しやすいです。

広めに選択しながらイルカの背中を合わせていきます。

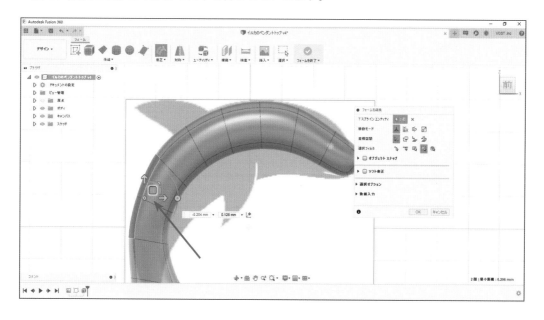

画面の何もないところをクリックすると、選択が解除されます。選択を解除しながら新しい
箇所の面を選択し、形を整えていってください。

面を移動するだけではうまくいかないところは、エッジを移動して調整します。

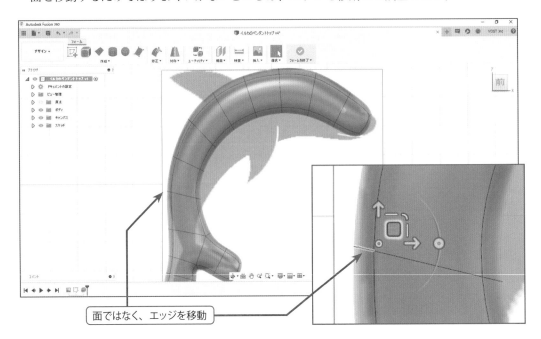

面ではなく、エッジを移動

 小休止

同じコマンドの連続使用

　連続してコマンドを取るときには、
右クリックを使うと便利です。

　画面上で右クリックをすると、マウスの周囲によく使
うコマンドが並びます。一番上のコマンドは、「繰り返し
xxx」となっており、直前に取ったコマンドが出現するよ
うになっています。1つのコマンドを連続して取る場合、
メニューから選ぶよりも格段に早くコマンドを取ることが
できます。

　右クリックした後にボタンをクリックするか、マウス
ジェスチャーのように右クリックを押したまま上方向にマ
ウスをドラッグし、離すことでコマンドを再度取ることが
できます。

5.8 おなかの形を整えよう—フォームを編集（移動）

背中と同様に、広めの領域を選択して移動します。

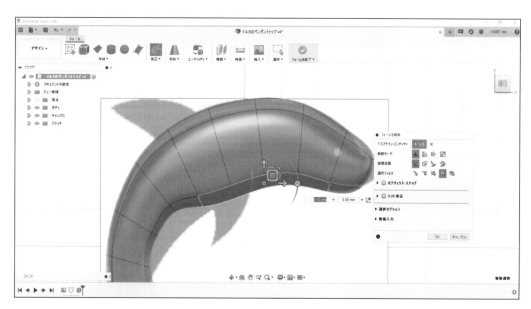

おなか部分は自己交差しやすいです。少しでも交差しそうな箇所があった場合は、［元に戻す］ ↰ で戻って作業をやり直してください。

背中とおなかが大体このような形になるまで整えてください。

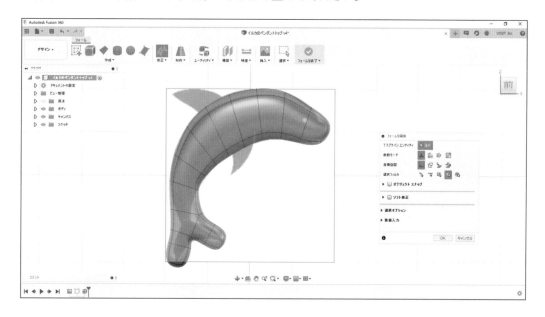

5.9　尾びれの形を整えよう—フォームを編集（拡大 / 縮小、回転）

大きさを変更する際には、拡大 / 縮小を使用すると便利です。

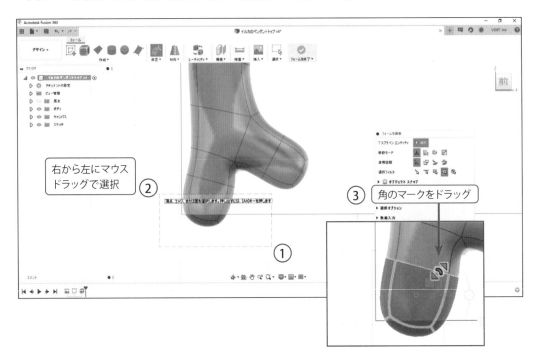

尾びれの曲がり具合が足りない場合には、回転を利用します。

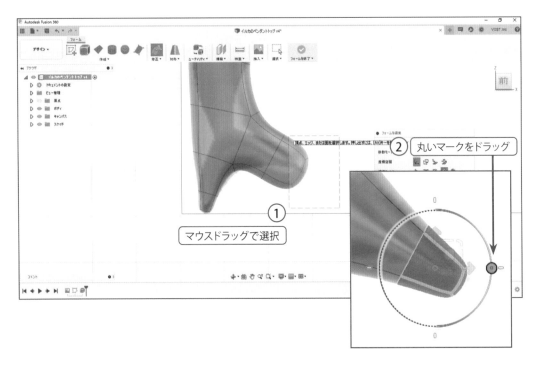

「ボックス表示と面の流れ、増分移動解除」

　　フォーム形状をより滑らかにするためには、面の流れを考えるのが重要となります。面の流れを見るには、形状作成の元となっている「ボックス表示」で形状を確認するのが便利です。

　「ボックス表示」は［ユーティリティ］-［表示モード］で切り替えるか、「Alt + 1」キーで他のコマンドを実行しながらでも切り替えられます。

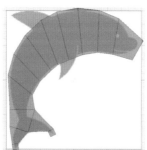

　　胴体部分のエッジの向きを見ると、「面の幅」や基準とした円弧に対する「エッジの角度」が不揃いになっているのがわかります。これを均一に整えてあげることで、より滑らかな形状を作成することができます。

　　今回は円弧の中心点に向かって、エッジの角度を調整し、面の幅も整えます。

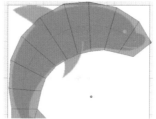

　「スムーズの表示」に切り替えると、次のような違いになります。

　　また、面の流れのような細かい調整の際には［グリッドとスナップ］の［ステップ移動］を無効にしておくと操作しやすいです。［ステップ移動］を無効にすることで、無段階でスムーズに要素の移動ができます。

5.10 尾びれのくびれを表現しよう—エッジを挿入

　カタチを整えていく際に、「もう1本エッジがあればきれいに整うのに…」という場所が出てきます。そのような場合には、[修正]-[エッジを挿入]でエッジを増やします。

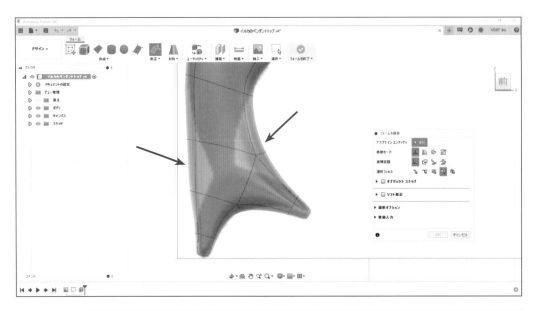

エッジを挿入しすぎると、ガタガタの形状になりやすくなります［フォームを編集］でなるべく形を整え、これ以上できない、というタイミングで［エッジを挿入］を使うとうまくいくことが多いです。

　［修正］-［エッジを挿入］で、隣り合うエッジを選択し、エッジを増やします。

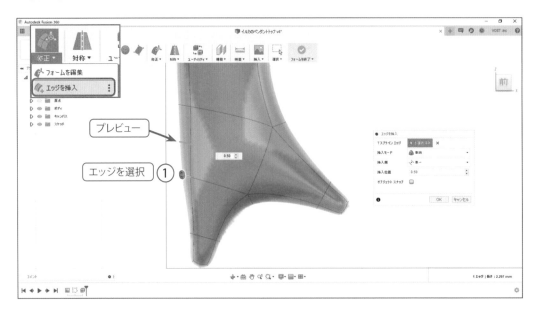

［修正］-［フォームを編集］で挿入したエッジを押し込み、くびれを表現します。

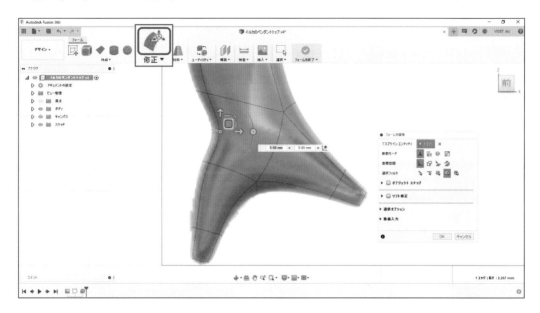

同様の操作で、反対側も整えてください。

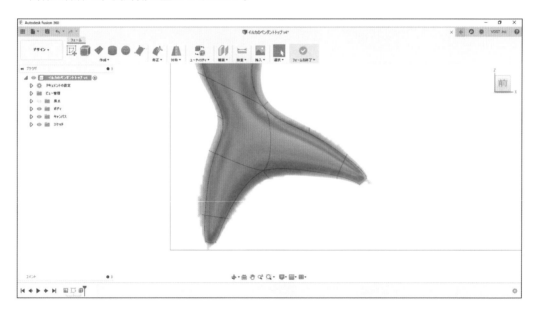

5.11 頭の形を整えよう

［修正］-［フォームを編集］の拡大／縮小、回転を利用して頭を整えます。

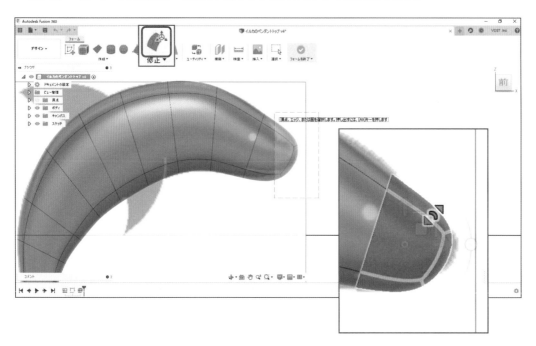

［修正］-［エッジを挿入］をうまく使いこなして口を表現します。

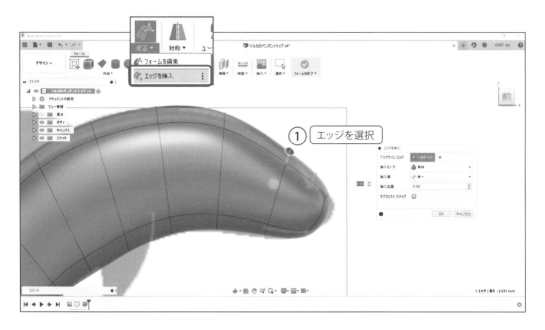

大枠の形ができあがりました。

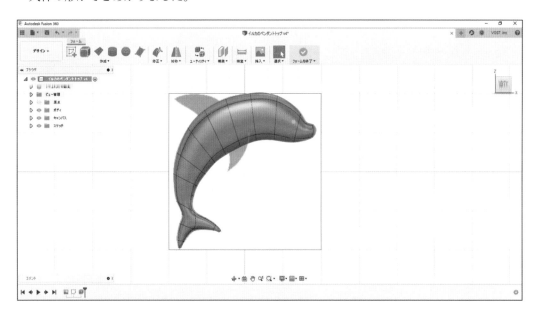

　背びれと胸びれを作成するためにエッジの位置を絵に合わせて調整します。［修正］-［フォームを編集］でエッジを動かし、1面が合うようにします。移動ができたら［OK］で終了します。

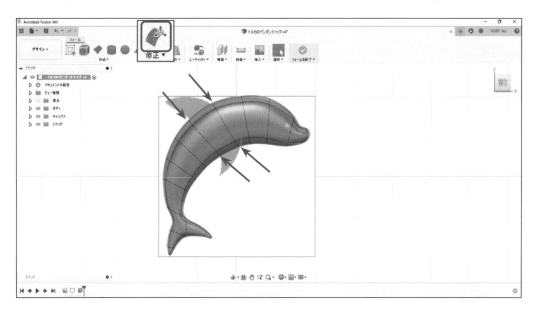

尾びれ側の密度が高くなるため、エッジをダブルクリックし、Delキーでエッジを削除します。

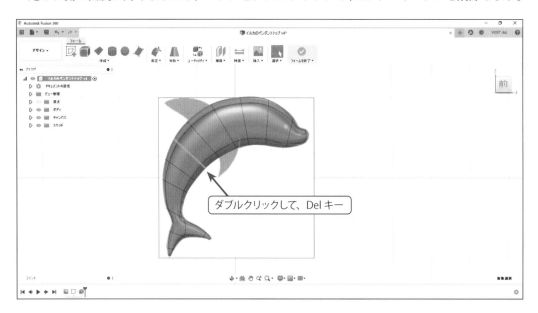

エッジを削除すると面のバランスが崩れます。そのため、[ユーティリティ] - [均一化] でバランスを修正します。

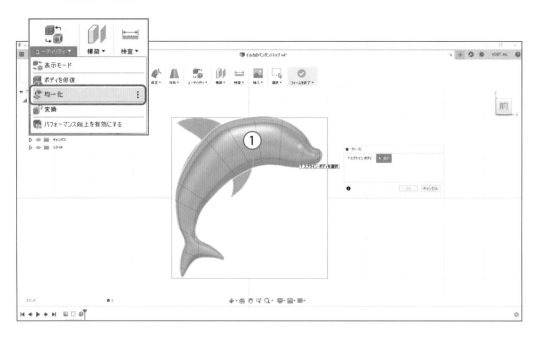

［修正］-［フォームを編集］でエッジを微調整します。

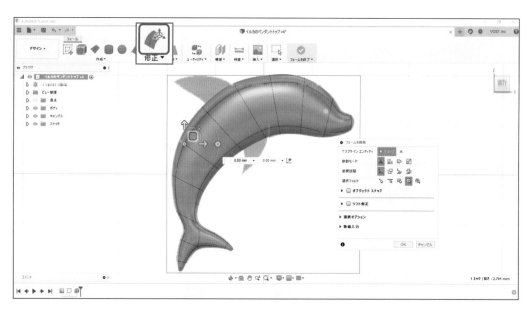

5.12　背びれを作ろう─フォームを編集（押し出し）

続いて、背びれ部分を作成します。

背びれの位置の面を選択し、［フォームを編集］でAltキー（Macはoptionキーまたはcontrolキー）を押しながら矢印を引っ張ります。

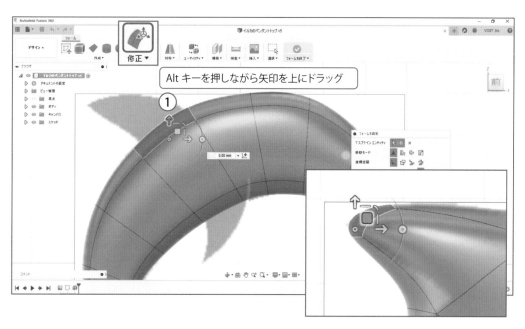

フォームモードの仕組み

　　フォームモードは、滑らかな面を作成するのにすぐれた機能です。この
モードがどのような考え方で形を作っていっているのかを紹介します。

　実は、フォームモードで扱っている形状は、裏側ではすべて平面のパッチで表現されていま
す。この真四角な形状に、滑らか処理を行うことで、滑らかな面を作成しています。

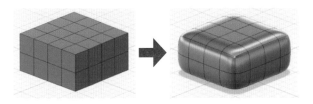

　　[フォームを編集] コマンドで面を移動する場合も、裏側ではこのようなカタチになってい
ます。

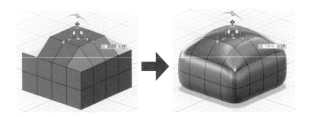

　　Alt キー（Mac は option キーまたは control キー）を押しながらの [フォームを編集] は、
このような形です。

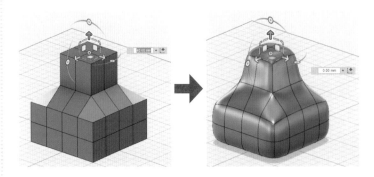

　　これらの表示の切り替えは、[ユーティリティ] - [表示モード] または、以下のショートカッ
トで可能です。

　　　「Alt キー +1」（Mac は option キーまたは control キー +1）：ボックス表示
　　　「Alt キー +2」（Mac は option キーまたは control キー +2）：コントロール フレーム表示
　　　「Alt キー +3」（Mac は option キーまたは control キー +3）：スムーズ表示

　この表示切り替えは、自己交差箇所があるような形状で、どの面がどの位置にあるのかを確
認するときに便利です。

例えば、このようなエラー箇所は、スムーズな表示では何が悪いのかわかりません。ボックス表示にすることで、エラー箇所を探す練習をしてみましょう。

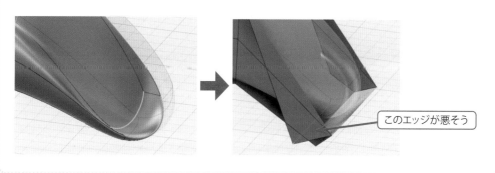

このエッジが悪そう

［対称］-［ミラー - 内部］で、左右対称の設定をします。

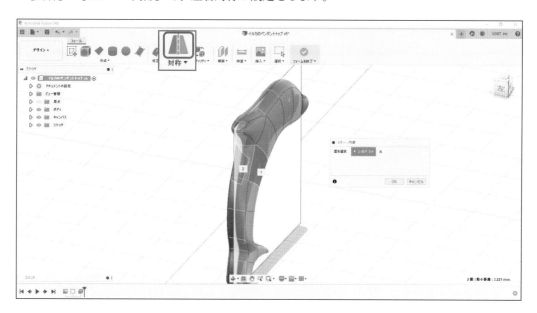

左右対称になった際には、エッジが緑色になります。

［修正］-［フォームを編集］で拡大縮小、回転、移動をうまく組み合わせて、背びれ部分の形を整えます。

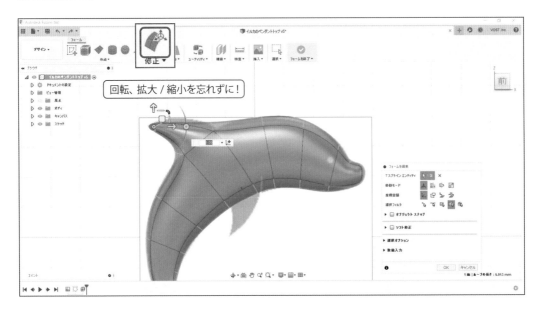

［修正］-［エッジを挿入］でエッジを増やし、背びれを整えます。

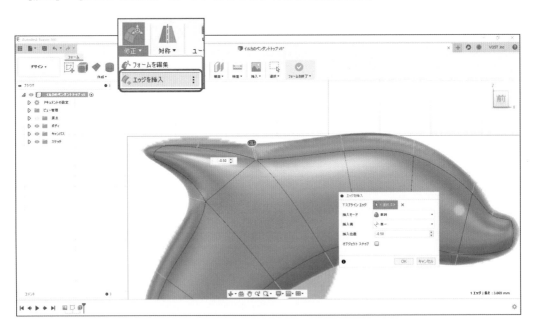

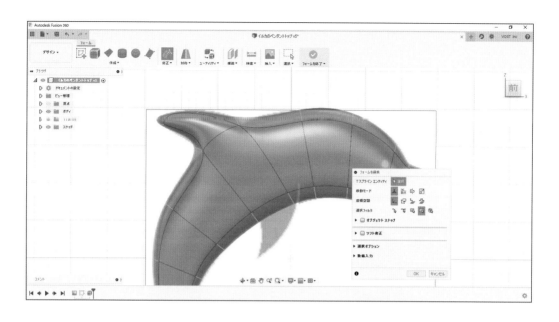

5.13 胸びれを作ろう

［修正］‐［エッジを挿入］でエッジを増やします。「挿入位置」を –0.15 に設定します。

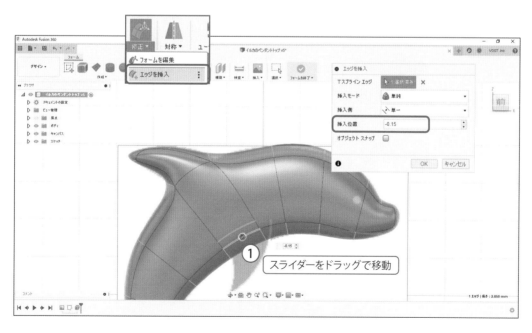

　[修正] - [フォームを編集] で Alt キー（Mac は option キーまたは control キー）を押しながら、胸びれ部分を押し出します。

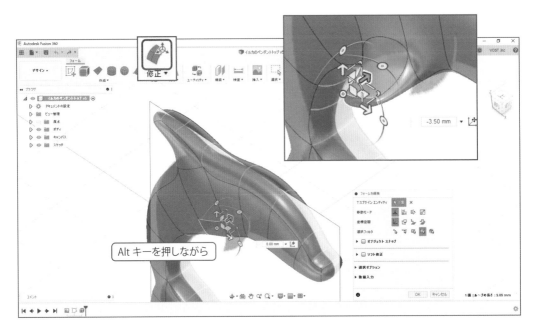

　[ビューポート] - [複数のビュー] で、画面を4分割にします。

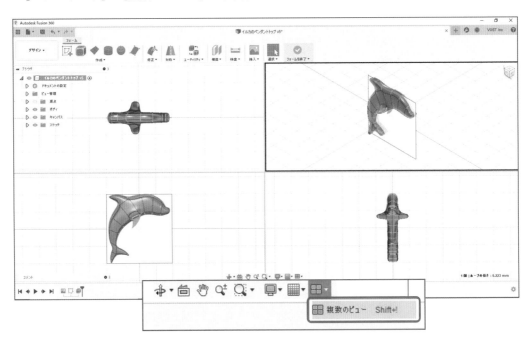

［修正］-［フォームを編集］で、まずは、左下の画面だけに注目して拡大縮小、回転、移動
をうまく組み合わせて、胸びれを調整します。

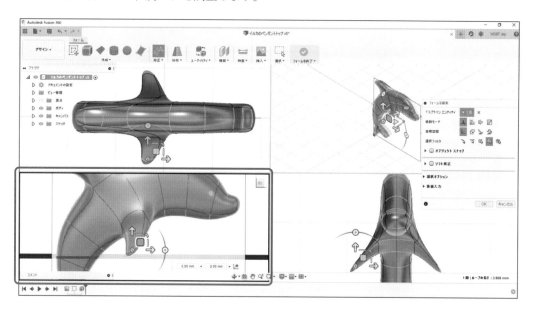

続いて、右下の画面だけに注目して胸びれの位置を移動します。

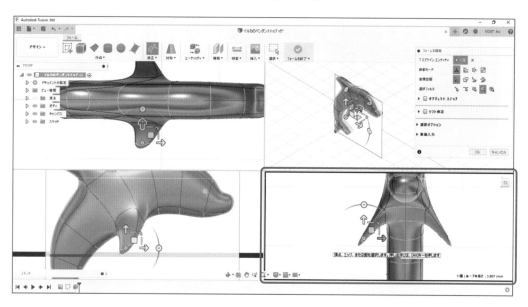

3次元空間上の移動は、見た目と違う位置になってしまう場合があるため、難しいです。見
る方向を固定することで、カタチを整えやすくなります。

「［フォームを編集］の変形する範囲」と「エッジの間隔と変形量」

　［フォームを編集］で要素を移動させた時、変形する範囲は2つ隣までになり、写真の黄色の枠の内側までが変形します。1つ隣の変化量が大きく、2つ隣の変化量は小さくなります。

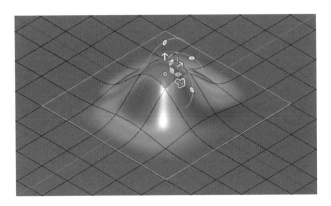

　また、2つ隣までしか変形しないため、エッジの間隔が狭いと急激な変形となります。
　次のように、同じ面を同じ距離動かしてもエッジの間隔によって変形の仕方が大きく異なります。

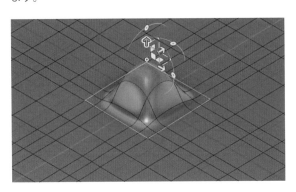

　そのため、滑らかな形状を作成したい時は、面を少なくした方が作成しやすくなります。

5.14 頭と尾びれを整えよう

［ビューポート］-［単一ビュー］で画面の分割を戻します。

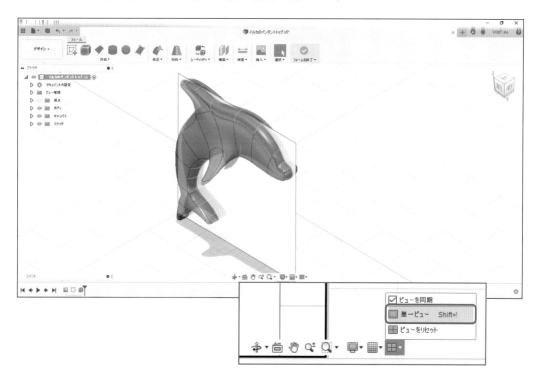

ブラウザで、イルカの画像を非表示にします。

［修正］-［フォームを編集］で尾びれの厚みを薄くするため、側面をすべて選択します。

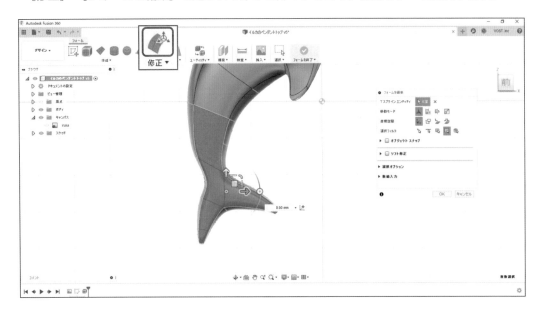

ビューキューブで「左」を向けて、内側に移動と回転で形を整えます。

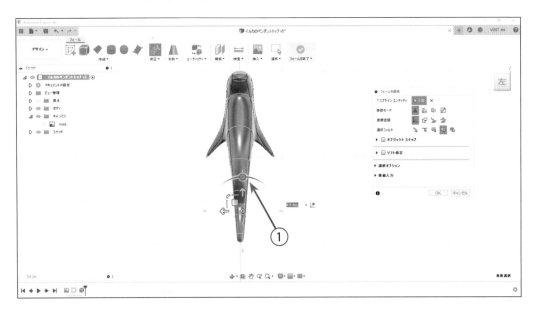

同様に、背びれを薄くします。

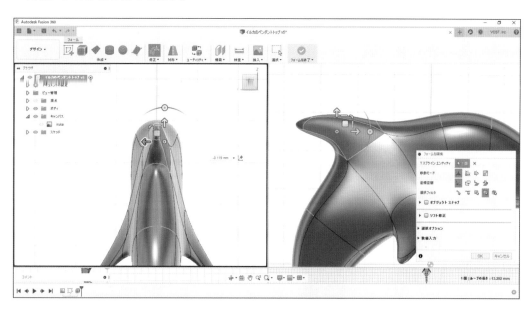

同様に、頭を薄くします。完成したら、[フォームを終了]で[フォーム]モードを終了します。

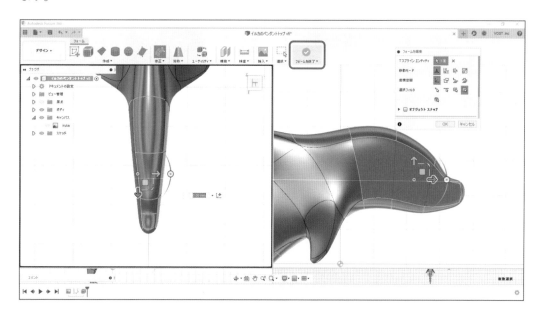

[フォームを終了] ボタンを押した際に、以下のようなメッセージが出る場合があります。これは、形状のどこかに自己交差の箇所があることを示しています。

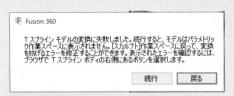

この場合、[戻る] ボタンを選択し、赤くハイライトしたエラー箇所を修正する必要があります。修正はときに難しい作業になりますので、初めのうちは [フォームを終了] を押して、自己交差箇所がないことを確認しながら作業をしてください。

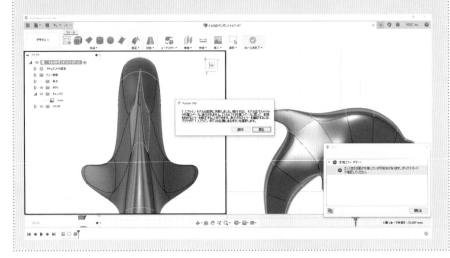

曲面の滑らかさを確認する方法

　[フォーム] モードで形状を作成すると、非常に滑らかな曲面が作れます。曲面の滑らかさは、隣合う面と面の曲率が一定に変化するように処理されています。専門用語では、面と面が曲率（G2）連続である状態になっています。

　一方、少し無理をしたような部分では、しわが寄ったように見えてしまう場合があります。例えば、新車の自動車は周りの景色が映りこんですごくきれいに見えますが、映り込んだ景色が少しゆがんでいると、「ちょっとへこんでいるのか？」と思ってしまいます。このようなしわを見つけたり、光を当てたときに滑らかに見えるかどうかを確認するための機能が用意されています。[検査] - [ゼブラ解析] という機能です。

　この機能で形状を選択すると、ゼブラという名前の通り、縞々が表示されます。この状態で画面ローテーションを行うと、曲面の滑らかさがわかります。

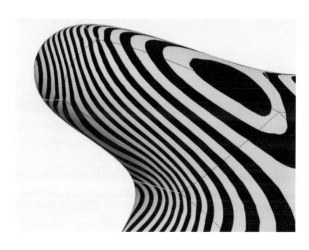

　少し極端な例ですが、下のような箇所は、短い距離の中で急激に曲率が変わっているため、縞々の数が多く、急激に曲がっています。このような箇所は、景色が映り込むと歪んで見えます。

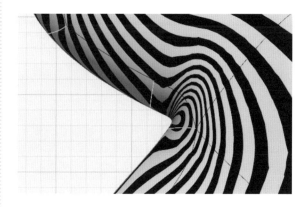

　また、［ユーティリティ］-［パフォーマンス向上を有効にする］という機能をご紹介しました。この機能を ON にすると、処理が早くなりますが、その理由はこの［ゼブラ解析］を使うとわかりやすいです。面と面のつながりを完全に滑らかにしないことで、計算の速度を上げています。［フォームを終了］をする瞬間に、曲率をきれいにする処理が行われますので、便利な機能です。

［パフォーマンス向上を有効にする］：OFF　　　［パフォーマンス向上を有効にする］：ON

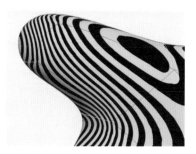 

5.15　子イルカを作ろう

［修正］-［移動 / コピー］コマンドで、イルカを選択し、「コピーを作成」を有効にします。

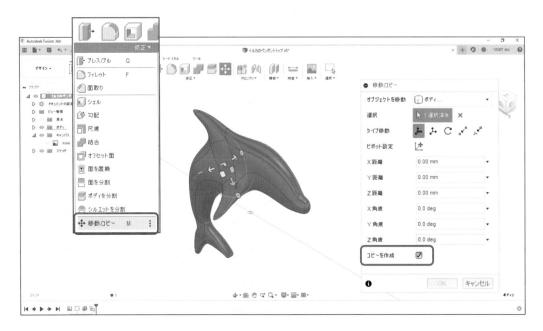

矢印を手前にドラッグし、10 mm 移動します。

［修正］-［尺度］コマンドで0.6倍に縮小します。

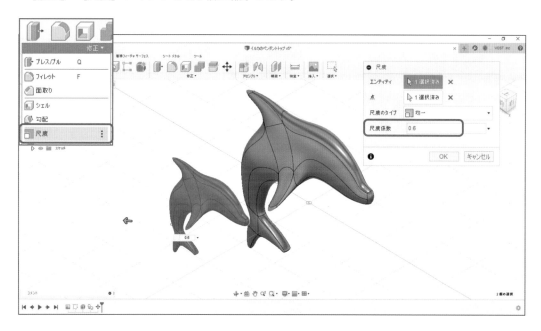

［ビューポート］-［複数のビュー］で、画面を4分割にします。

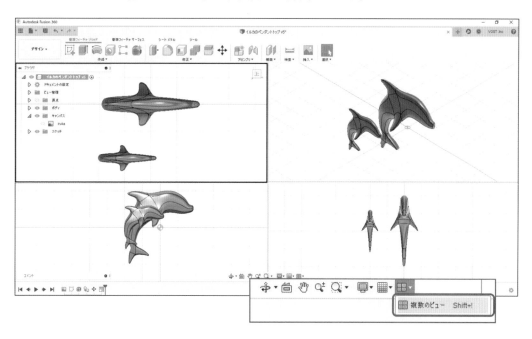

［修正］-［移動/コピー］コマンドで、子イルカを選択します。

「ピボット設定」を選択します。

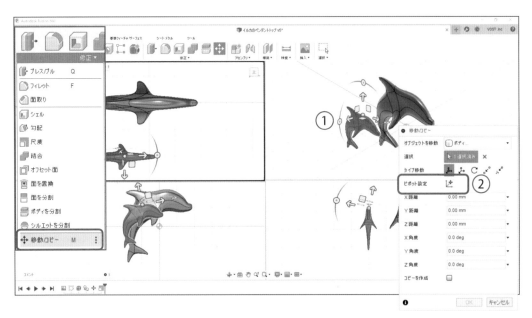

　移動しやすくするため、移動の基準位置と基準方向を変更します。

　ブラウザの「原点」のライトマークをONにし、原点を選択します。「ピボット設定」の「完了」マークを選択することで、基準位置が原点に移動します。

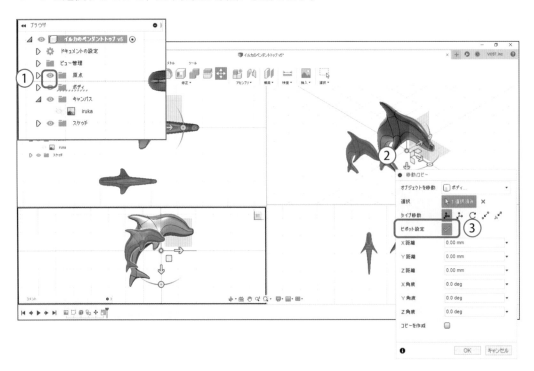

子イルカを移動する際、マウスでクリックした位置の面の法線方向が移動の向きになります。「ピボット設定」で移動の基準位置を変更することができます。

4つの画面を使いながら、親子が寄り添うように、移動と回転を行います。
まずは左下の画面だけに注目して位置を調整してください。

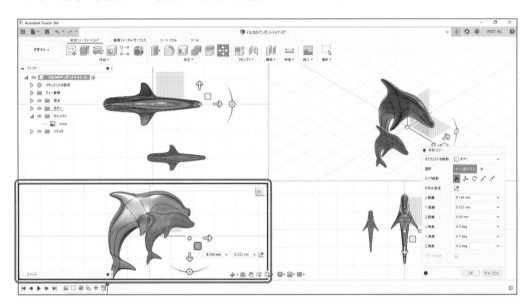

続いて、右側の画面だけに注目して位置を調整してください。

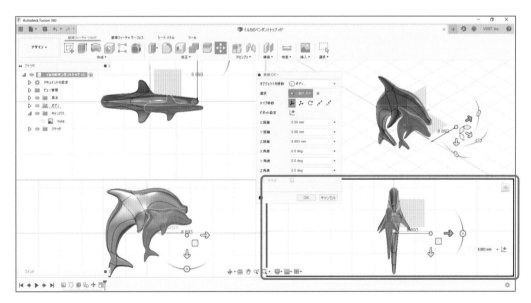

　最後に、回転して寄り添わせます。

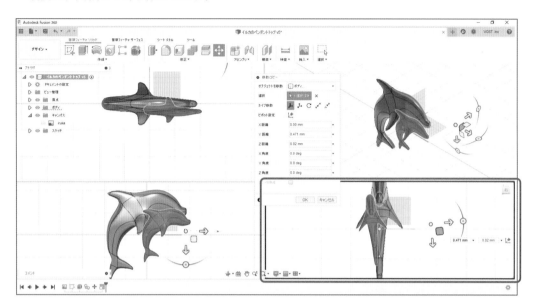

 ペンダントトップにするために、親子のイルカは若干重なるように寄り添わせてください。

　ブラウザで「原点」のライトマークを OFF にし、[ビューポート] - [単一ビュー] で画面分割を戻します。

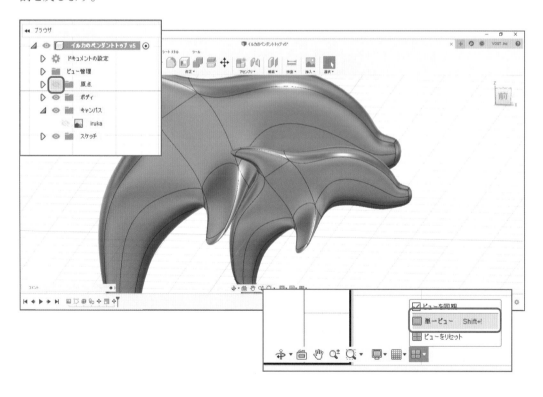

［修正］-［結合］で、親イルカと子イルカをくっつけます。

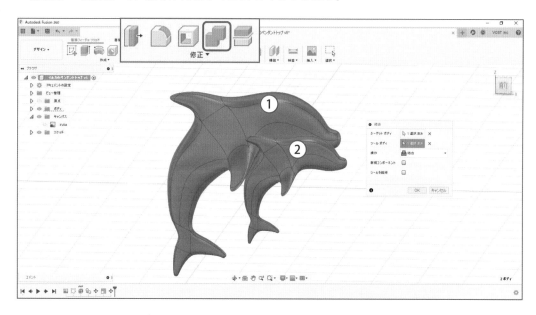

［作成］-［スケッチを作成］で、XZ平面を選択します。

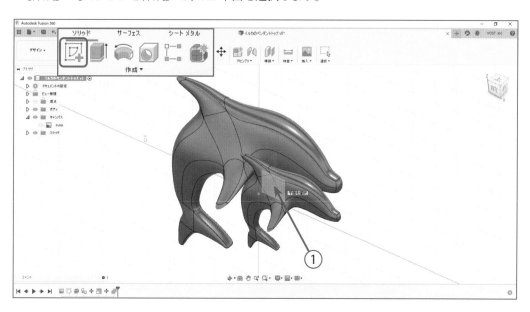

［作成］-［円］-［中心と直径で指定した円］で、リングのスケッチを作成します。同心円で、直径 2 mm と直径 3 mm の円を作成します。

作成できたら［スケッチを終了］でスケッチを終了します。

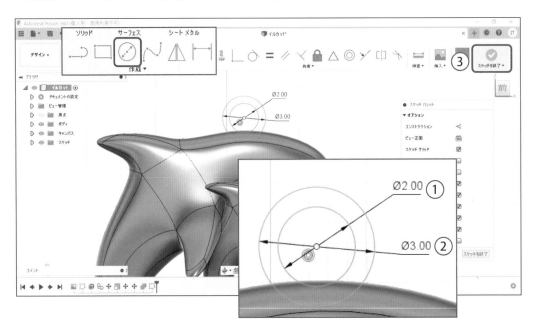

［作成］-［押し出し］で 0.5 mm の厚みを付けます。

「方向」は「対称」に、「計測」は「全体の長さ」、「操作」は「結合」に設定します。

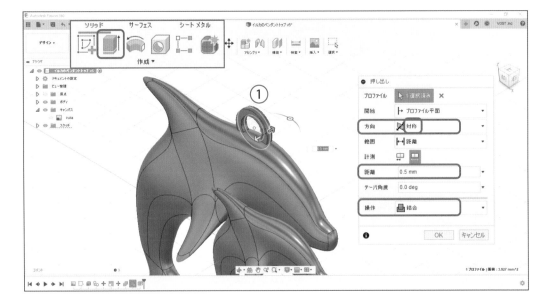

リングのエッジに［修正］-［フィレット］で R0.25 mm のフィレットを付けます。

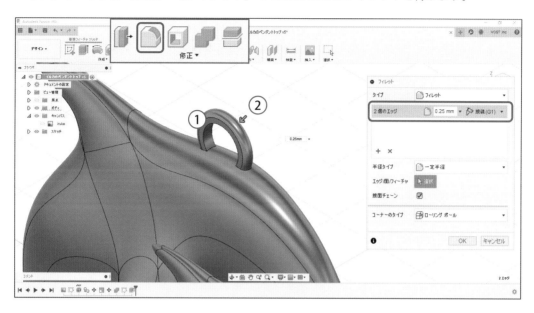

完成です！

5.16 課題『ペンギンのペンダントトップ』

以下の画像のペンギンのペンダントトップを作ってみましょう。

完成品

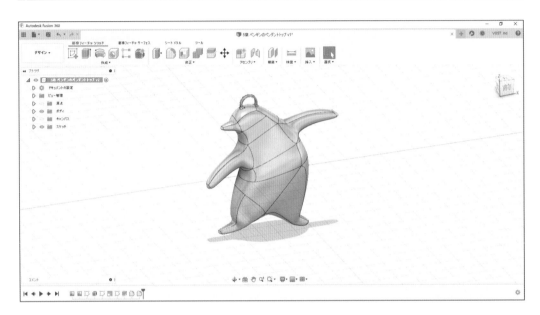

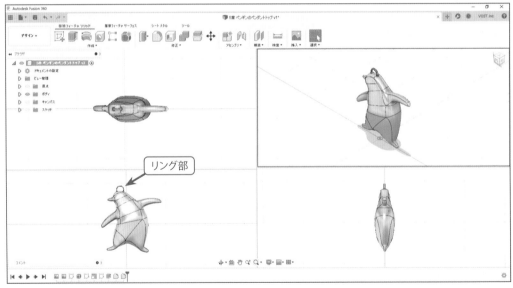

リング部

作成の条件

● 下書きの画像は、以下の URL を検索し、巻末の袋とじ内に記されているナンバーを入力してデータをダウンロードしてください。

　　　https://cad-kenkyujo.com/book/（「スリプリブック」で検索）

● 画像は 3.5 倍に拡大します。

● 下書きのスケッチ

● 描き始めのパイプ直径：8 mm

● 翼と足とくちばしは細めに、おなかは太めに作ります。

● リング部の直径：外径 5 mm、内径 4 mm

● リング部の位置：任意の位置

● リング部の厚み：1 mm

● リング部のフィレット：0.25 mm

作成のヒント

※以下の作成方法はあくまで一例です。いろいろな作り方を試してみてください。

① 翼と足とくちばし以外の胴体から整えます。

② 面の分割数は初期値で進め、適宜［エッジを挿入］で挿入します。

③ 左右対称の形状として、［ミラー - 内部］で対称の情報を付けておくと便利です。

④ 翼と足とくちばしは、［フォームを編集］で面を2回押し出すことで、先が細い形状を作成できます。

⑤ リング部を［押し出し］する際には、「結合」や「切り取り」の設定に注意しましょう。

今回のモデル作成のための推奨コマンド

● ［挿入］- ［キャンバス］

● ［作成］（スケッチ内）- ［円弧］- ［3点指定の円弧］

● ［作成］- ［パイプ］（［フォーム］モード）

● ［修正］- ［フォームを編集］

● ［修正］- ［エッジを挿入］

● ［スケッチ］- ［円］- ［中心と直径で指定した円］

● ［作成］- ［押し出し］（［ソリッド］モード）

解答

解答は、以下 URL にてご紹介しております。

https://cad-kenkyujo.com/book/（「スリプリブック」で検索）

第6章

スーパーミニカーを
作ろう

次の内容を学習します。

....

- ●［フォーム］モードでの作業
- ●［作成］-［押し出し］を使ったモデリング
- ●［編集］-［フォームを編集］を使ったモデリング

....

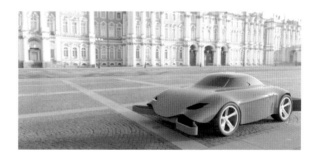

6.1 この章の流れ

　スーパーミニカーを作成しながら、[フォーム] モードとソリッドモデリングを組み合わせる方法を学習します。

　シャーシに合わせて、ボディのスケッチを作成します（6.2、6.3 節）。

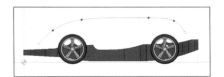

　[フォーム] モードで車のベース形状を作成します（6.4 節）。

　タイヤに合わせてベース形状を調整します（6.5節）。

　フロントとルーフを作成（6.6 節）。

　全体のバランスを整えます(6.7、6.8、6.9、6.10節)。

　ソリッドモデリングでヘッドライトとテールランプを作成します（6.11 節）。

　シャーシとの接続部を作成します（6.12 節）。

　レンダリングを作成します（6.13 節）。

6.2 シャーシデータのインポート

　データパネルを開き、アップロードボタンを選択し、「ファイルを選択」から、「シャーシ .f3d」
を開きます。

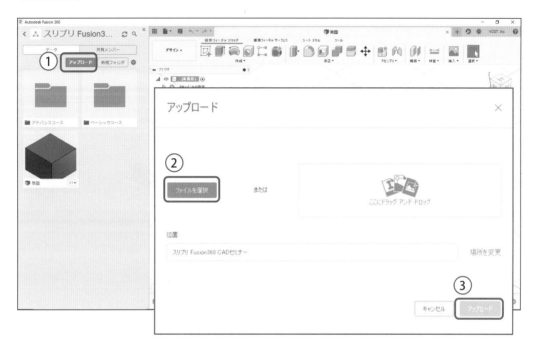

　使用するデータは、以下の URL からダウンロードできます。

　https://cad-kenkyujo.com/book/（「スリプリブック」で検索）

　「f3d」フォルダに入っている「シャーシ .f3d」ファイルを使用します。ファイルの開き方の
詳細は、ベーシック編の 4.5 節「データを受け取る方法（バックアップファイルのインポート）」
を参照してください。

6.3　ボディの下書き線を描こう

［作成］-［スケッチを作成］で、縦の XZ 平面を選択します。

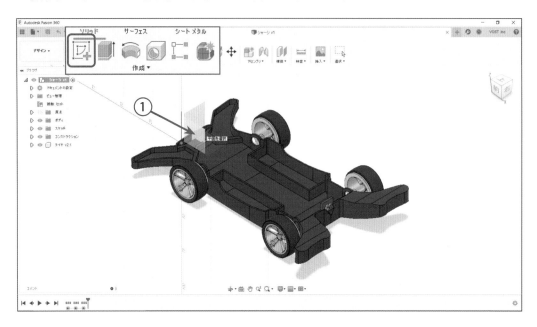

［作成］-［スプライン］-［フィット点スプライン］で以下のようなスケッチを作成します。

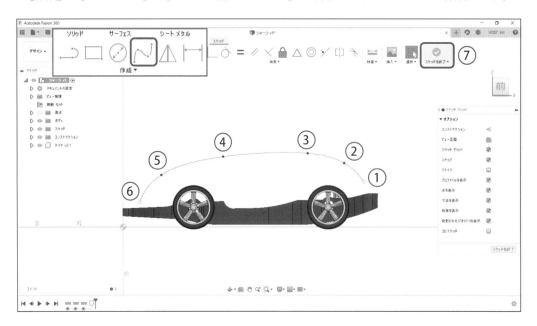

6.4　ボディを作ろう

［作成］-［フォームを作成］を選択します。

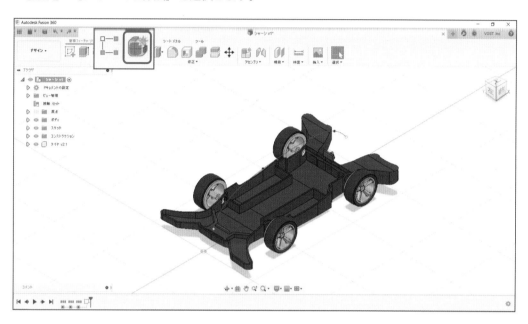

［作成］-［押し出し］で、スケッチを選択し、「間隔」を「均一」に変更し、手前側に 10 mm 押し出します。

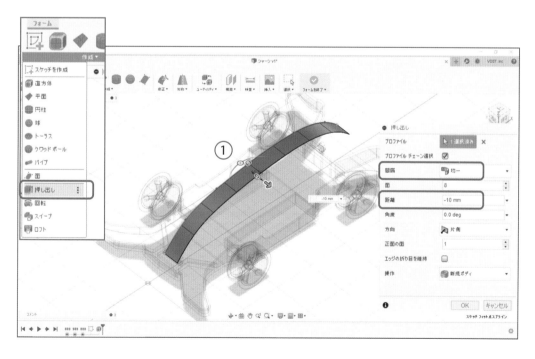

［修正］-［フォームを編集］で、エッジをダブルクリックし、連続するエッジを選択します。Alt キー（Mac は option キーまたは control キー）を押しながら矢印をドラッグし、エッジを手前側に 10 mm 押し出します。

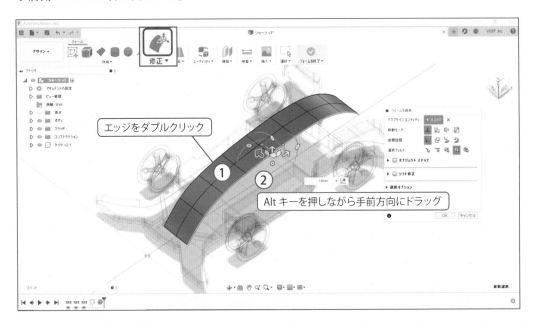

エッジをダブルクリック

① ②

Alt キーを押しながら手前方向にドラッグ

エッジをダブルクリックすると、連続するエッジが自動的にすべて選択されます。

続けて、Alt キー（Mac は option キーまたは control キー）を押しながら矢印をドラッグし、エッジを 2 回、それぞれ 10 mm 手前に押し出します。

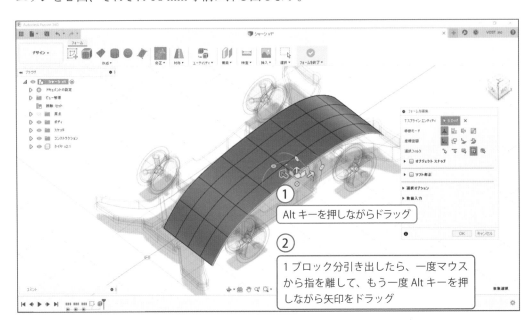

① Alt キーを押しながらドラッグ

② 1 ブロック分引き出したら、一度マウスから指を離して、もう一度 Alt キーを押しながら矢印をドラッグ

真ん中の3つのエッジを選択し、縦方向に2回、それぞれ–15 mm 押し出します。

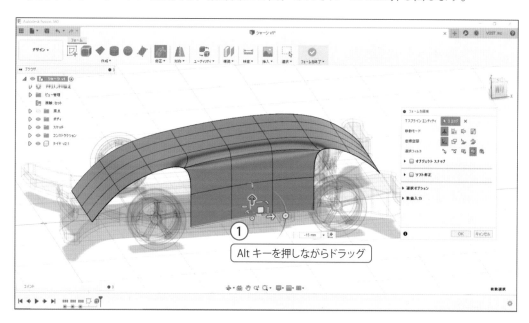

画面を「前」に向け、Z方向の尺度指定を0に変更します。

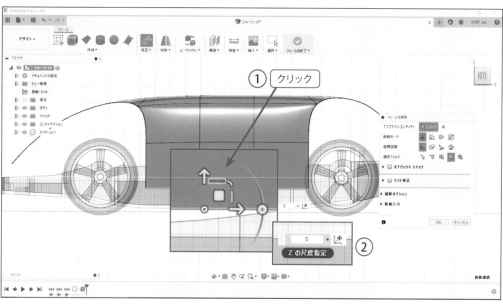

Zの尺度を「0」にすると、エッジがまっすぐにそろいます。

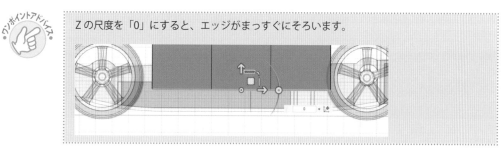

前輪の前部分を縦方向に –15 mm 下げます。

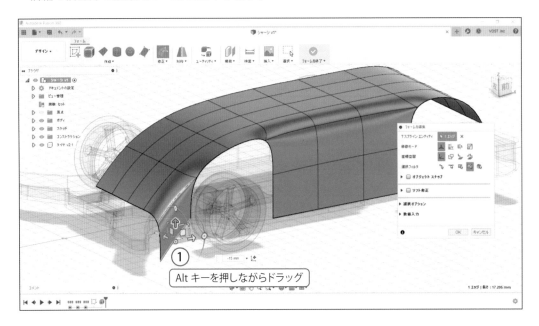

先ほどと同様に、Z 方向の尺度指定を 0 に変更します。

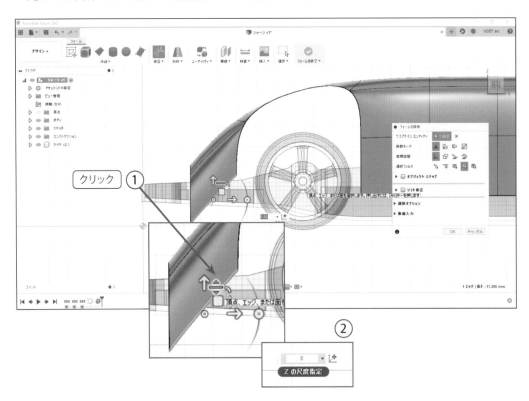

6.5 タイヤハウスを整えよう

ホイール周りを作成します。角の6か所のポイントを、タイヤに合わせて移動します。マニピュレータの真ん中の四角で移動してください。

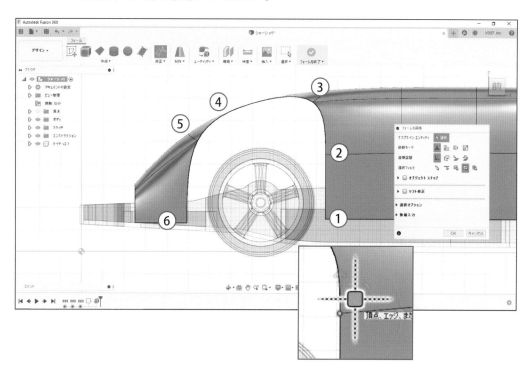

以下のようになるまで整えます。

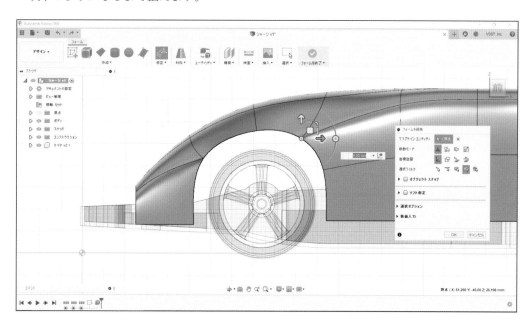

エッジをダブルクリックし、タイヤハウス周りを一括選択し、Alt キー（Mac は option キーまたは control キー）を押しながら拡大縮小します。

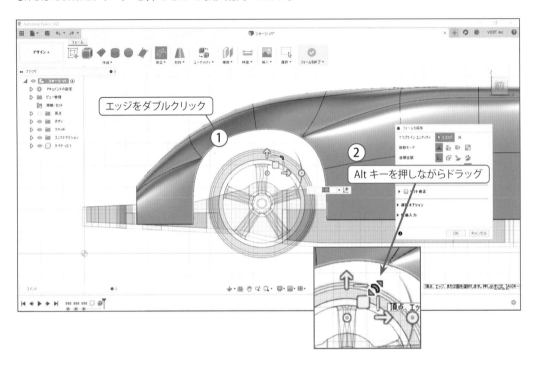

内側にフェイスが増えます。

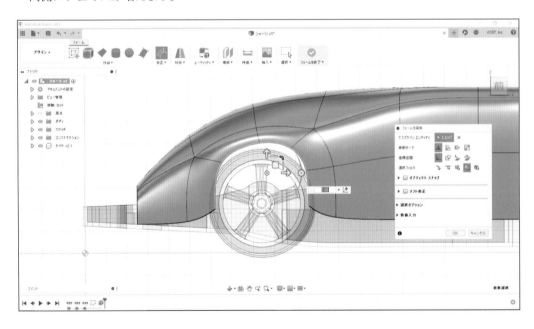

内側の角の点を移動し、調整します。

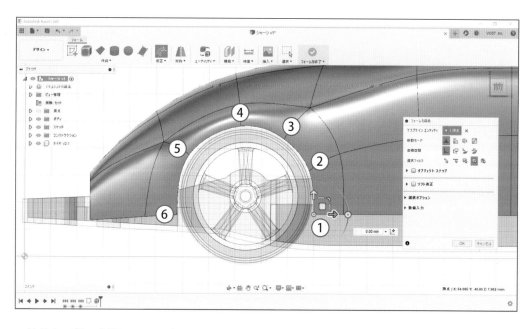

後輪も同様に調整します。角の5点を移動します。

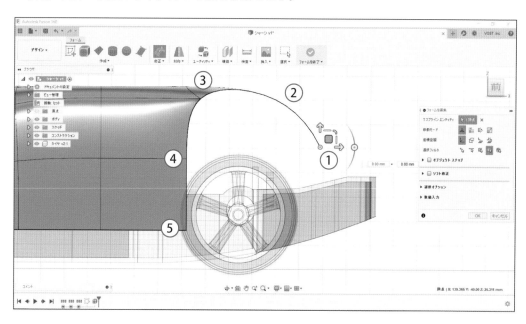

以下のようになるまで整えます。

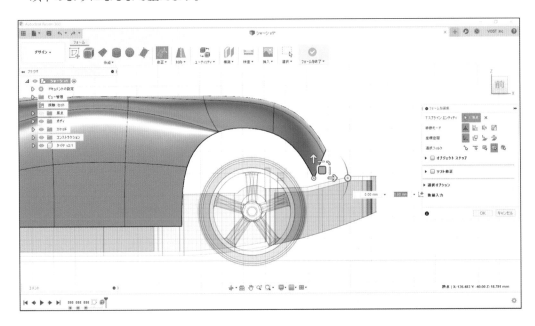

エッジをダブルクリックし、Alt キー（Mac は option キーまたは control キー）を押しながら、拡大縮小します。

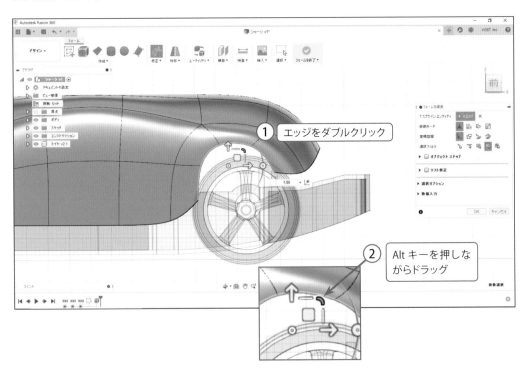

内側の角の点を移動し、調整します。

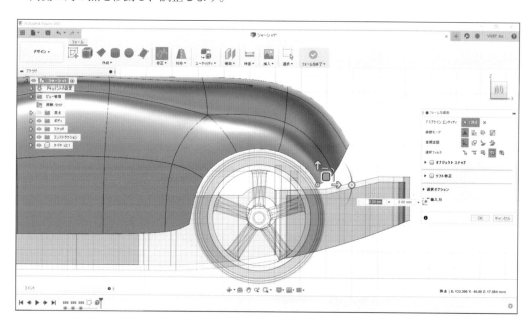

6.6 フロントフェンダーとルーフを作ろう

フロントの真ん中よりの2つのエッジを、Altキー（Macはoptionキーまたはcontrolキー）を押しながらマニピュレーターの真ん中の四角をドラッグし、押し出します。

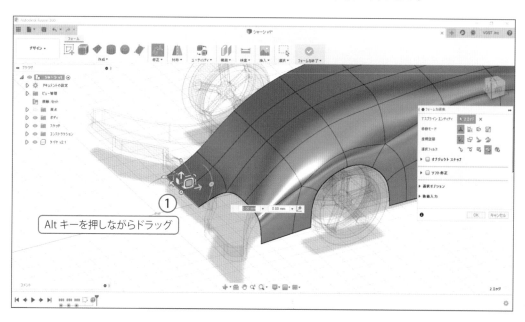

① Altキーを押しながらドラッグ

　上面の 6 面を選択し、Alt キー（Mac は option キーまたは control キー）を押しながら上に、10 mm 押し出します。

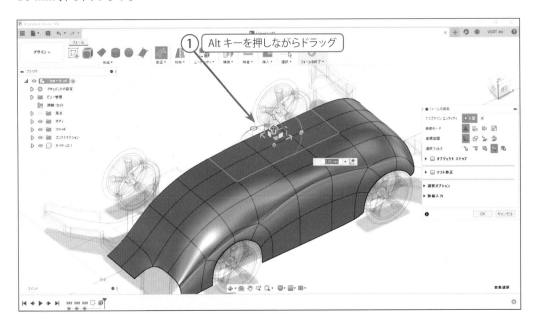

　以下のようなカタチにし、OK で確定します。

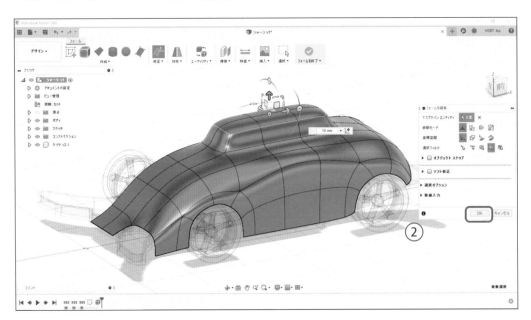

対称にコピーを行うため、内側の3つの面を選択し、Deleteキーで削除します。

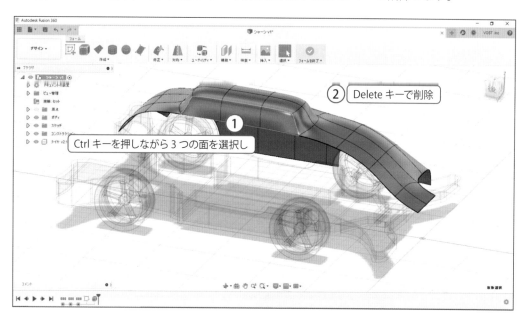

[対称] - [ミラー - 複製] で、対称にコピーします。

面を選択後、右クリックで「削除」を選択しても同様の操作となります。

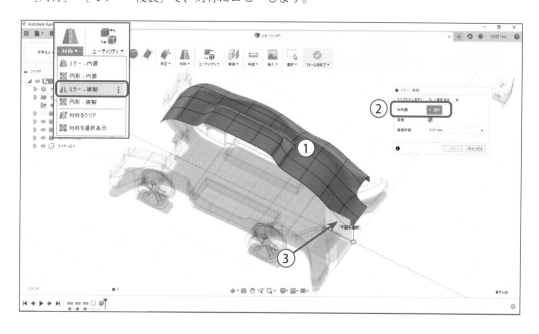

6.7 ボディのカタチを整えよう

フロントフェンダーの 3 つの角の点を選択し、Delete キーで削除します。

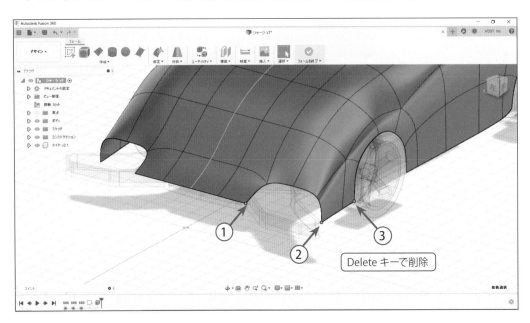

［修正］-［フォームを編集］で角の点やエッジを移動して、フロントフェンダーがシャーシ
とぶつからないように調整します。

左を向け、車の正面から平面的に調整後、斜めから見て微調整するとうまくいきます。

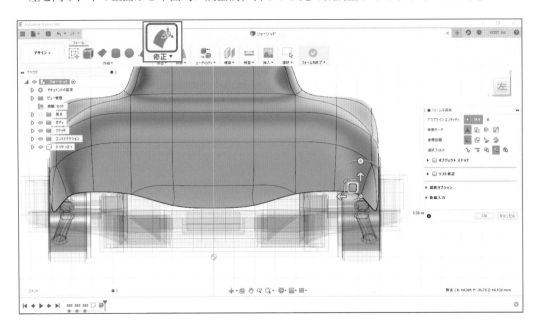

以下のようなカタチになるまで調整します。

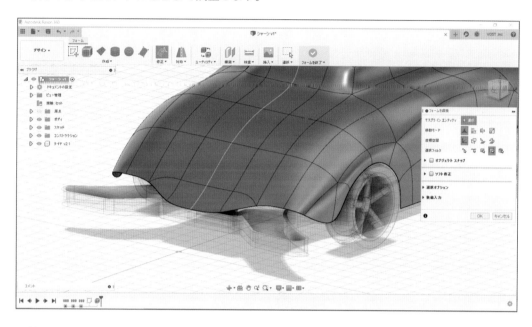

続いて、サイドを仕上げます。エッジをダブルクリックし、下側に 5 mm 程度移動します。

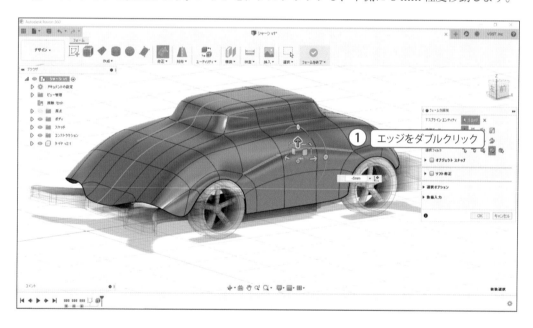

以下のエッジも内側に少し移動し、微調整を行います。

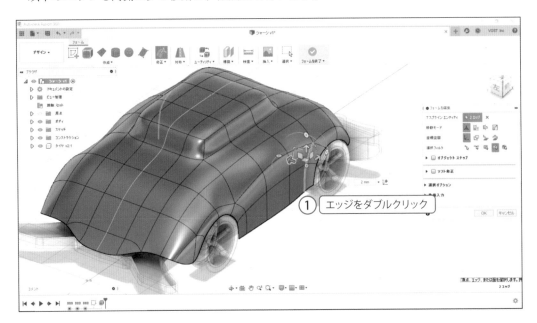

同様の操作で仕上げていきます。

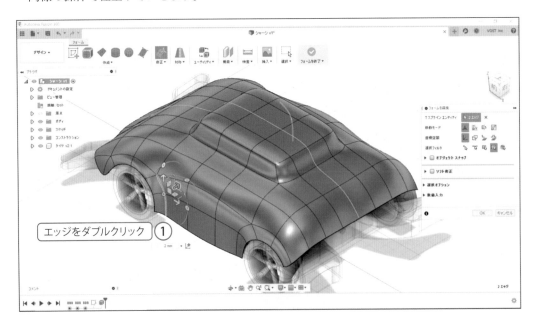

さまざまな方向から見ながら作業を行ってください。

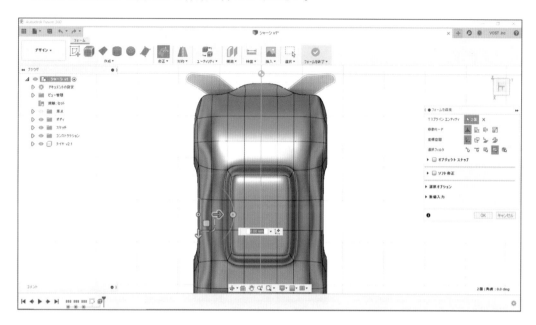

サイドステップは回転を使用し、角度を付けます。

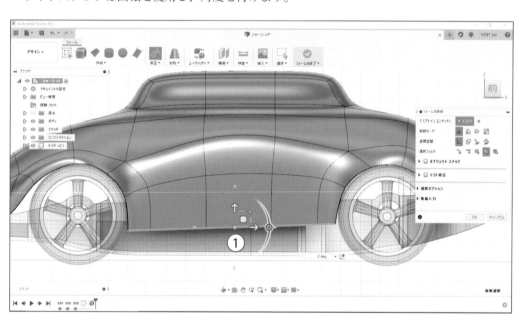

6.8　ルーフのカタチを整えよう

ルーフの先端をダブルクリックで選択し、後方に移動します。

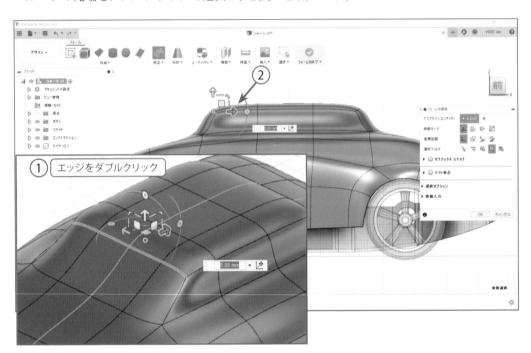

ルーフの6面（選択は3面）を選択し、上方向に2mm程度移動します。

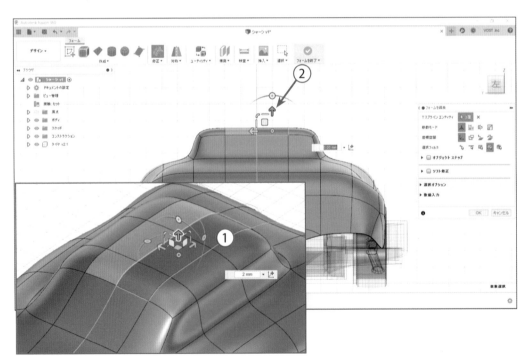

ルーフの中心線のみを選択します。

フロントガラスのエッジを選択し、Shift キーを押しながら 4 つ隣のエッジをダブルクリックします。

 要素を選択後、隣接する要素を Shift キーを押しながらダブルクリックすると、2 要素間の要素を連続して選択することができます。

1 mm 程度、上に移動します。

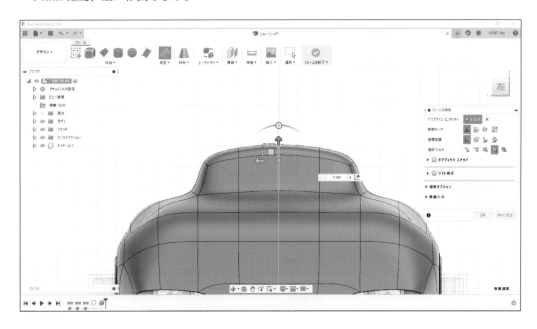

両脇のエッジも、少し内側に移動します。

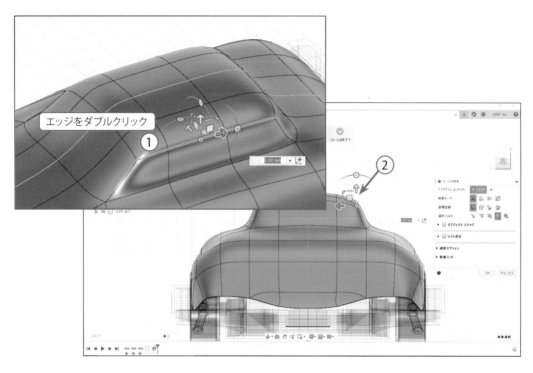

リアガラスの下部は、車体後方へ移動します。

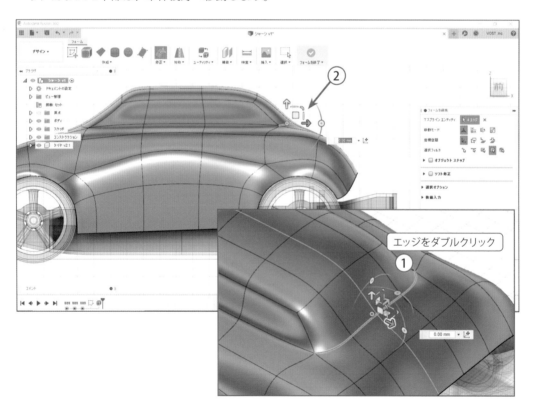

同様の操作で、ルーフを整えます。

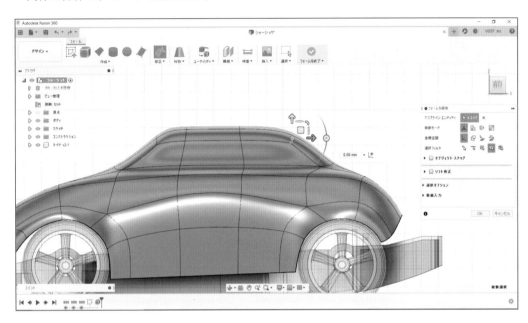

上面から見て、ルーフの後方部の1面を内側に移動します。

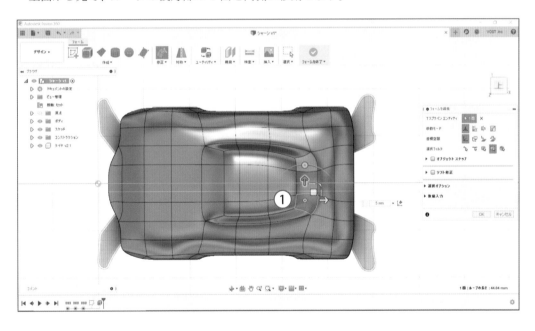

ルーフ前方のエッジを3mmほど後方に移動します。

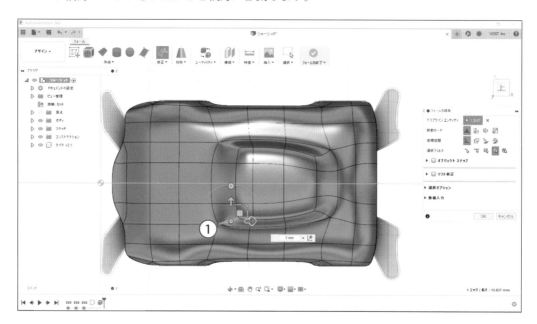

フロントガラスを5mmほど車の前方方向に移動します。

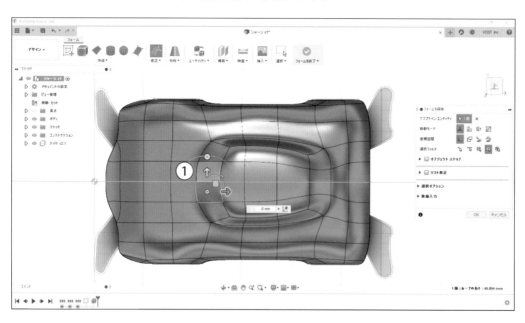

中央部のエッジを外側に 3 mm ほど移動します。

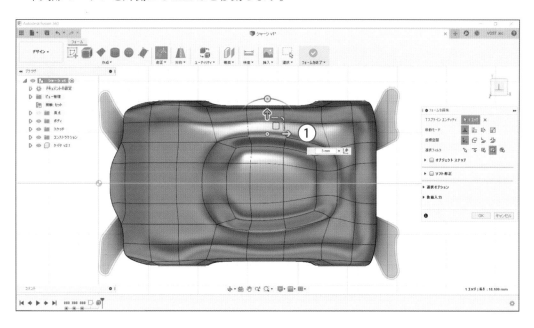

6.9　リアフェンダーの形を整えよう

　リアフェンダーの真ん中のエッジを選択し、内側に移動します。移動ができたら、[OK] で確定します。

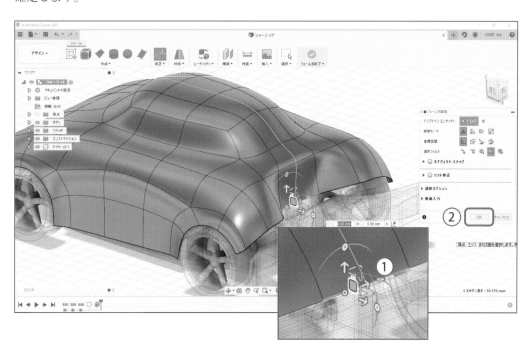

以下のように、キャッチ部分に触れるように移動してください。

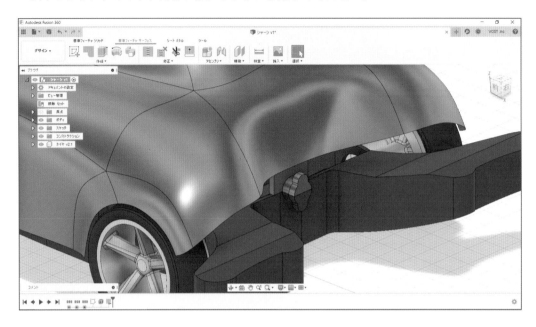

角の点を選択し、Delete キーで削除します。

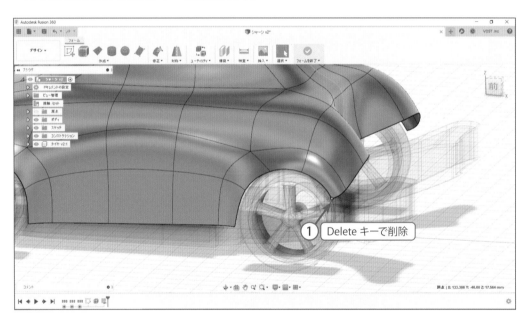

角の点を移動して、リアフェンダーの形を調整します。

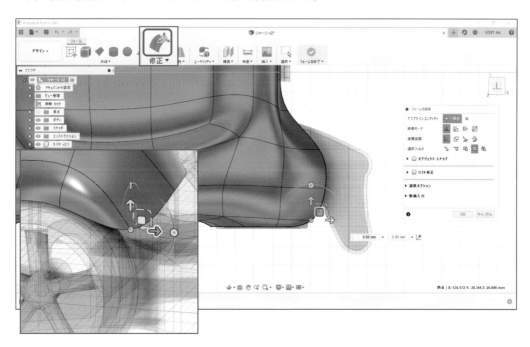

6.10　サイドウィンドウのカタチを整えよう

　［修正］-［エッジを挿入］でサイドウィンドウのエッジをダブルクリックし、-0.15 の位置に
エッジを挿入します。

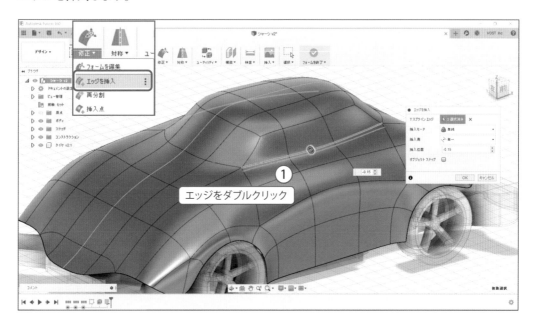

近接する位置にエッジが2本あると、面の引っ張り具合が強くなるため、急な変化を付けることができます。

リアガラスへ収束するように、面の流れを調整します。

［修正］-［挿入点］で、角の点を2点選択します。

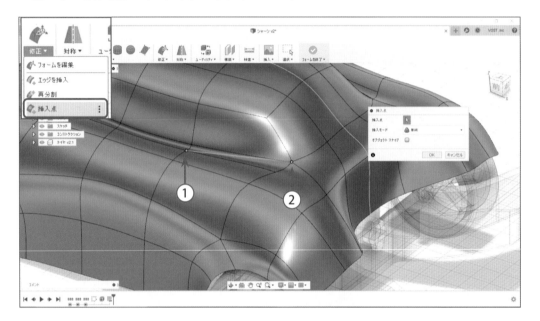

斜めのエッジが新しく入ったことを確認したら、元からあったエッジをDeleteキーで削除します。

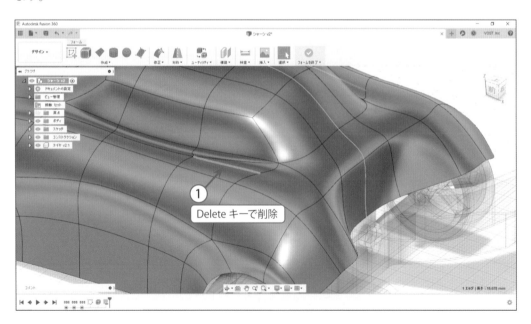

リアガラスに向けて収束するカタチになりました。

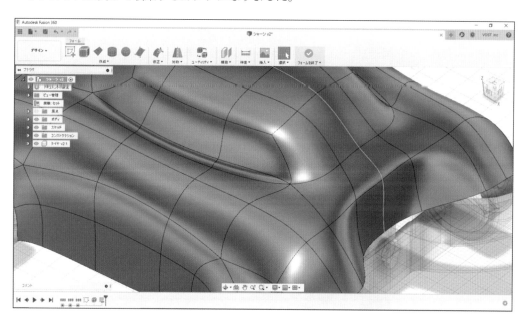

エッジを挿入したことにより影響のあった周辺のエッジを、［修正］-［フォームを編集］で微調整します。

全体の微調整が終わったら、［フォームを終了］でフォームモードを終了します。

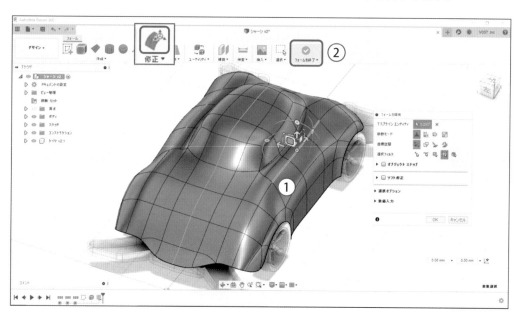

6.11　ヘッドライトとテールランプを作成しよう

［作成］-［厚み］で、サーフェスに –1.5 mm の厚みを付けます。

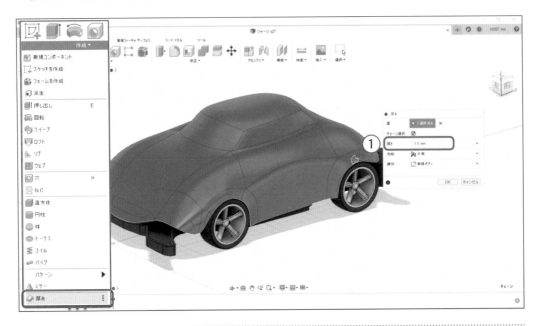

　厚みを追加する計算は複雑なため、多少計算に時間がかかる場合があります。動かさずに待ちましょう。

［作成］-［スケッチを作成］で YZ 平面を選択します。

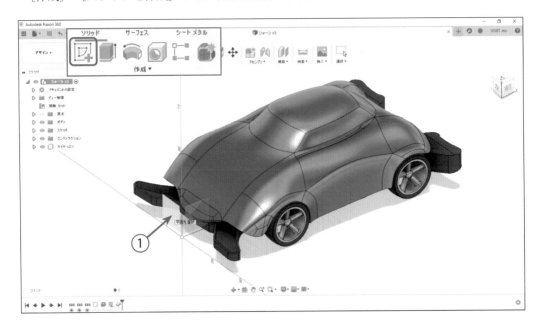

[作成]-[線分]で、車の正面向きの平面に直線を描きます。Ctrlキー（Macはcommandキー）
を押しながら以下のようなスケッチを作成します。

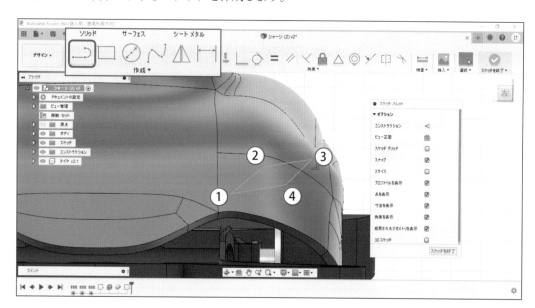

Ctrlキー（Macはcommandキー）を押しながらスケッチを描くと、裏側にある要素にフックさせずにスケッチを作成することができます。

[作成] - [フィレット] でヘッドライトの角を丸くします。

以下のように、R0.5 mm、R2 mm、R0.3 mm、R6 mmのフィレットを付け、[スケッチを終了] でスケッチを終了します。

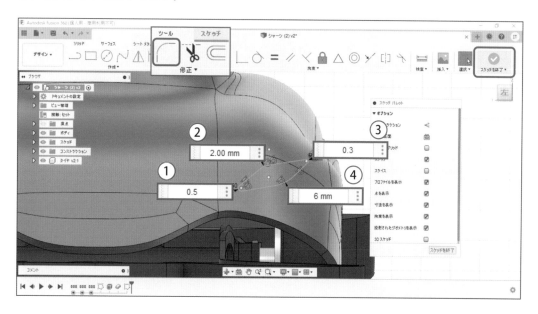

［作成］-［押し出し］で 30 mm 伸ばし、切り取ります。

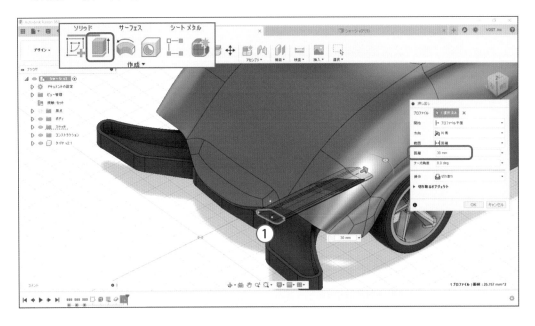

［構築］-［傾斜平面］で、シャーシのエッジを選択し、テールランプを作成するための –55°
傾いた平面を作成します。

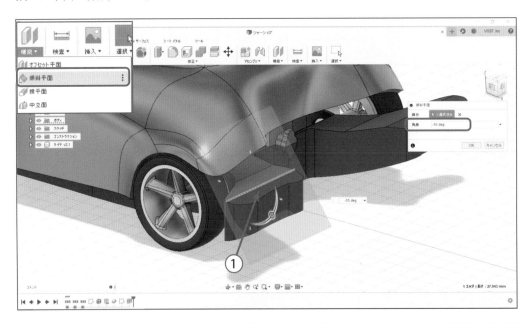

テールランプ位置のボディに沿うように、角度は任意で調整し
てください。

7 mmと3 mmのテールランプの円を作成します。［作成］-［スケッチを作成］で先ほど作成した傾斜平面を選択します。

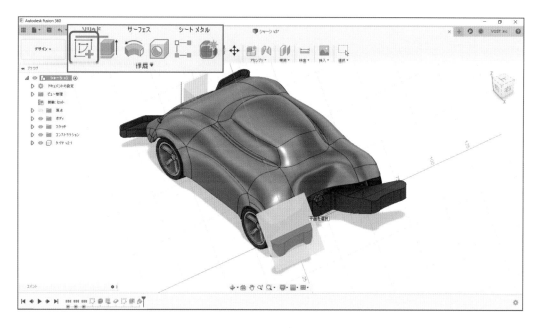

［作成］-［円］-［中心と直径で指定した円］でCtrlキー（Macはcommandキー）を押しながら中心点をクリックすることで、裏側の要素にフックせずにスケッチを作成できます。

描き終わったら、［スケッチを終了］でスケッチを終了します。

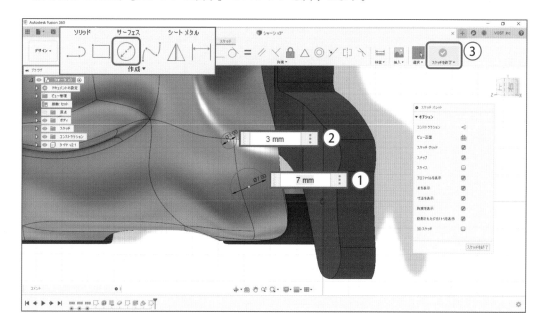

　[作成] - [押し出し] で Ctrl キー（Mac は command キー）を押しながら 2 つのプロファイルを選択し、−8 mm 程度伸ばして切り取ります。

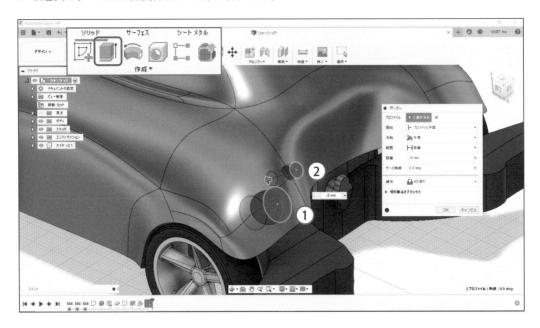

　[修正] - [フィレット] で、テールランプに R0.8 mm のフィレットを付けます。

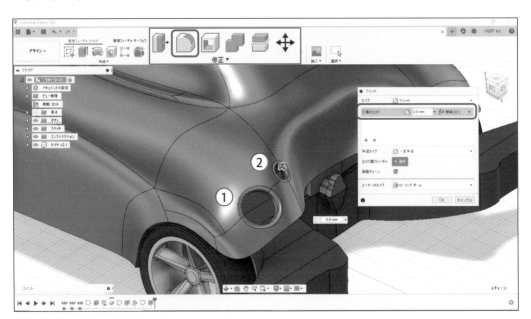

　［作成］-［ミラー］で、ヘッドライトとテールランプを左右対称にコピーします。
　「計算オプション」を「最適化」に設定し、Ctrl キー（Mac は command キー）を押しなが
ら、押し出しの履歴を2つとフィレットの履歴を選択します。

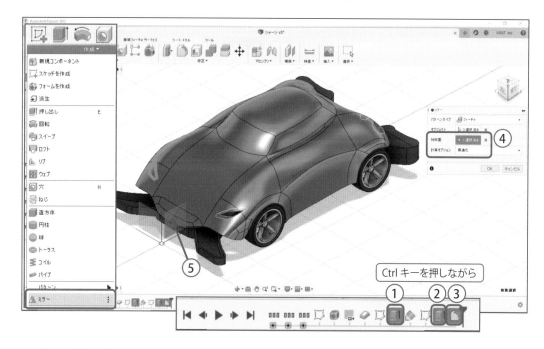

　ブラウザで、「シャーシ」と「タイヤ」の目のアイコンを OFF にし、非表示にします。

6.12 キャッチのカタチを作成しよう

キャッチのモデリングをしやすいように、［検査］-［断面解析］で断面表示にします。
XZ 平面を選択します。

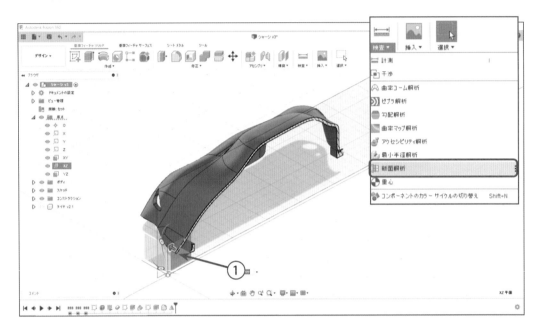

［作成］-［押し出し］でフロントのキャッチの上面をボディまで押し出します。
「範囲」を「オブジェクト」に設定し、ボディの裏面を選択します。

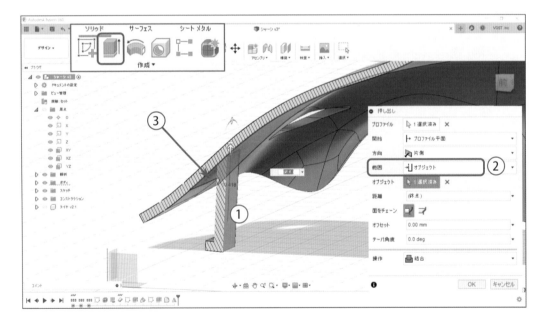

「範囲」を「オブジェクト」に設定することで、選択したオブジェクトにぶつかるところまで押し出せます。後でカットする必要がないため、便利です。

リアのキャッチに隙間が空いている場合、上面をキャッチとボディが重なるまで 0.5 mm ほど押し出してください。

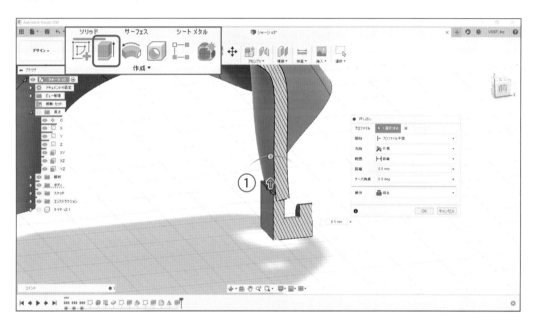

 すでにキャッチと重なった状態になっている場合、[修正] - [結合] で結合します。

［修正］-［フィレット］でフロントキャッチに R3 mm のフィレットを付けます。

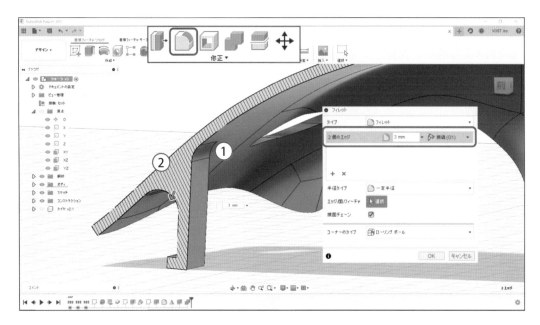

　ブラウザで、「断面 1」の目のアイコンを OFF に、「シャーシ」と「タイヤ」の目のアイコン
を ON にし、完成です。

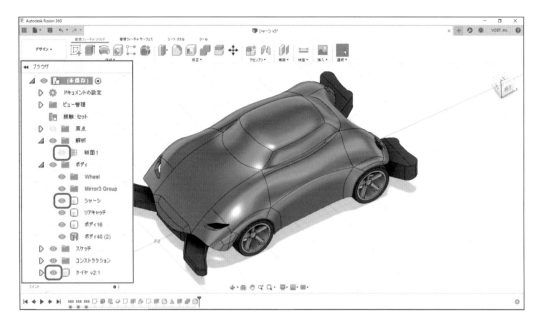

6.13 レンダリングをしよう

　画面左上の［デザイン］をクリックし、［レンダリング］を選択します。［レンダリング］作業スペースに切り替わります。

　［設定］-［外観］で、ボディの色を変更し、「閉じる」で閉じます。

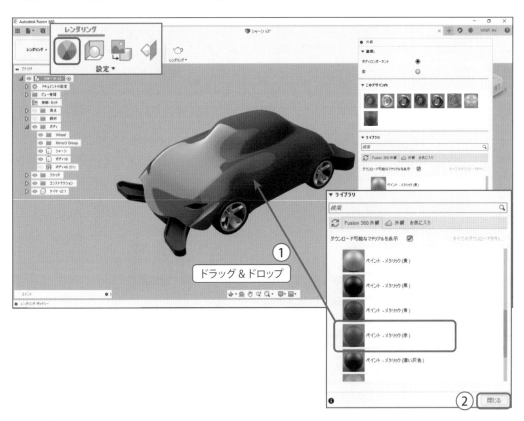

［設定］-［シーンの設定］で、「背景」を「環境」に変更します。

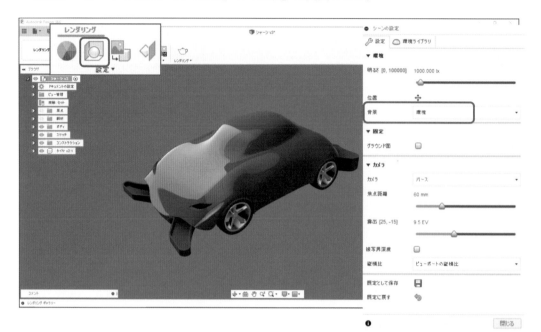

「環境ライブラリ」タブで、［プラザ］を背景にドラッグ
＆ドロップします。背景は「環境をダウンロード」ボタン
をクリックすると、ダウンロードできます。

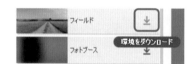

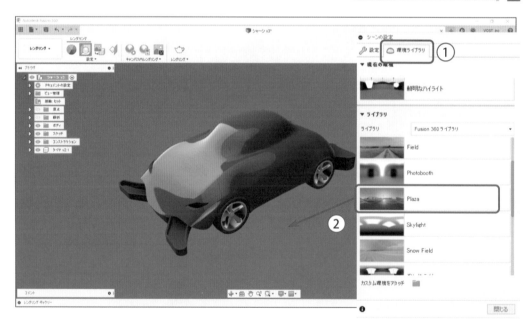

「ライブラリ」タブでは、HDRI（ハイダイナミックレンジイメージ）という、360°背景画像
を割り当てることができます。その風景が映り込むため、リアルなレンダリングをすること
ができます。

　［設定］タブに戻り、「明るさ」で明るさを調整、「位置」で画像の向きを回転し、「固定」の「グラウンド面」にチェックを入れ、ちょうどよい位置にビューを整え、「閉じる」で閉じます。

　　「グラウンド面」にチェックを入れると、地面に影が投影されます。

　［キャンバス内レンダリング］-［キャンバス内レンダリング］で、レンダリングを行い、完成です！

6.14　課題『園芸用こて』

以下の画像の園芸用こてを作ってみましょう。

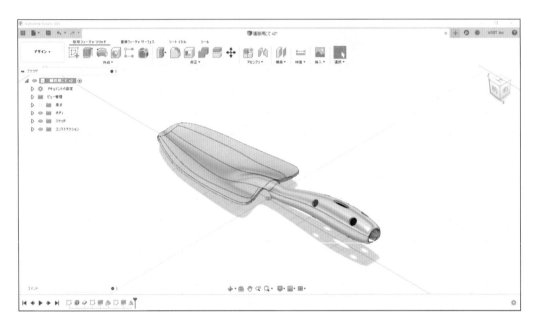

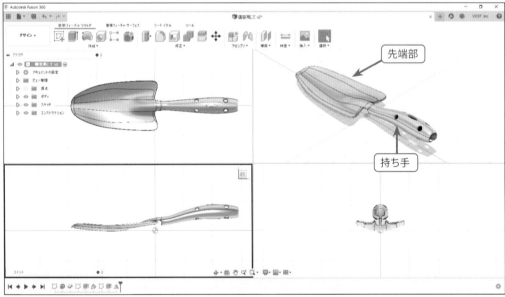

先端部

持ち手

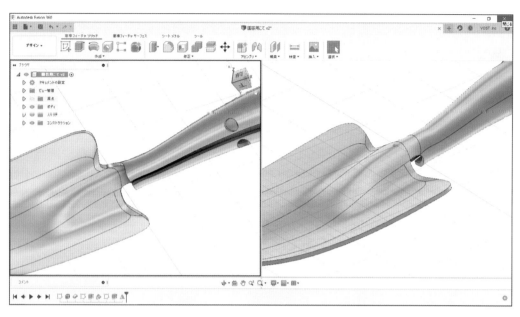

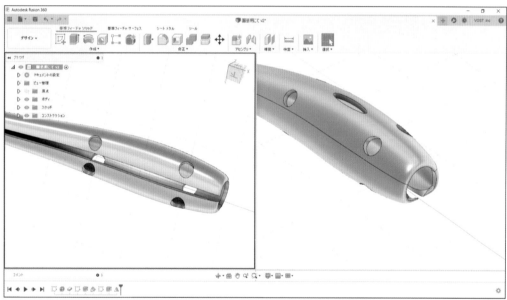

作成の条件

- 先端部の長さ：150 mm 程度
- 先端部の基準スケッチ
- 園芸用こての正面から見た平面に、半径 80 mm の基準スケッチを作成し、先端部を作成し始めます。

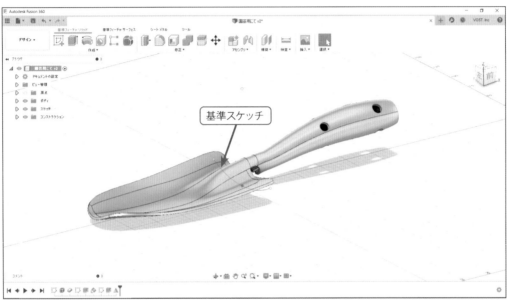

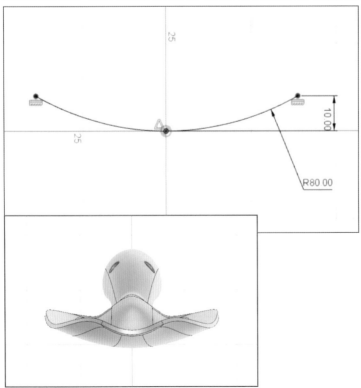

- 持ち手の長さ：150 mm 程度
- 持ち手の高さ：先端部の一番下から 45 mm 程度
- 持ち手の穴の方向：45°
- 持ち手の穴の位置と直径（穴は持ち手の上面のみにあけます。）

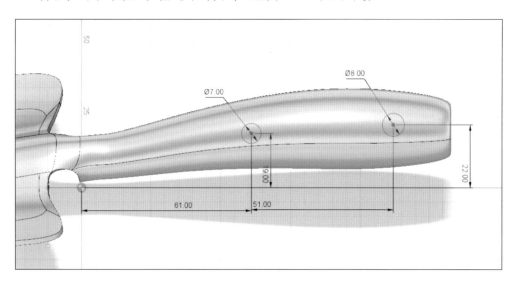

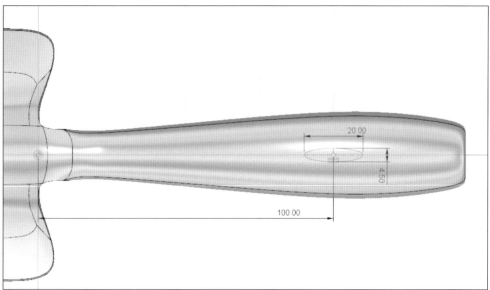

作成のヒント

※以下の作成方法はあくまで一例です。いろいろな作り方を試してみてください。

① スコップの正面から見た平面に、半径 80 mm のスケッチを作成し、［フォーム］モードで押し出して、先端部を作成する作業を開始します。

② 4 面× 8 面程度の面の分割数で先端部を作り始めます。

③左右対称の形状のため、［ミラー - 内部］で対称の情報を付けておくと便利です。

④先端部の一番先など、角を丸くする箇所は角のポイントを削除します。

⑤持ち手につながる部分の盛り上がりは、［エッジを挿入］で面の分割数を増やすと、急激な変化を付けることができます。

⑥盛り上がり部の先端のエッジを Alt キー（Mac は option キーまたは control キー）で何度か押し出し、柄の部分の上面を作ります。押し出す際には、ミラーされている左右両方のエッジを選択してください。

⑦側面のエッジを垂直に下方向に押し出し、さらに内側に押し出すことで柄の部分を造形します。

⑧持ち手の下側に穴をあけないため、［押し出し］の「方向」を「2 つの側面」に設定し、距離を調整してみましょう。

今回のモデル作成のための推奨コマンド

- ［作成］（スケッチ内）-［円弧］-［3 点指定の円弧］
- ［作成］（スケッチ内）-［スケッチ寸法］
- ［作成］-［押し出し］（［フォーム］モード）
- ［修正］-［フォームを編集］
- ［修正］-［エッジを挿入］
- ［作成］-［押し出し］
- ［作成］-［ミラー］

解答

解答は、以下 URL にてご紹介しております。

https://cad-kenkyujo.com/book/ （「スリプリブック」で検索）

第 **7** 章

世界にひとつだけの
小物入れを作ろう

次の内容を学習します。

- ● スケッチの描き方
- ● ［デザイン］作業スペースでの形状の作り方
- ● ［フォーム］モードでの形状の作り方
- ● 形状の編集方法
- ● ブラウザの使い方

7.1 この章の流れ

小物入れを作成しながら、[フォーム] モードとソリッドモデリングを組み合わせる方法を学習します。

ソリッドモデリングでカップ部を作成します（7.2節）。

ソリッドモデリングで蓋を作成します（7.3節）。

[フォーム] モードで蓋の装飾の花びらを作成します（7.4節）。

花びらをコピーして、装飾を仕上げます（7.4節）。

外観を変更します（7.5節）。

7.2 小物入れのカップを作成しよう

［作成］-［円柱］で XY 平面を選択します。

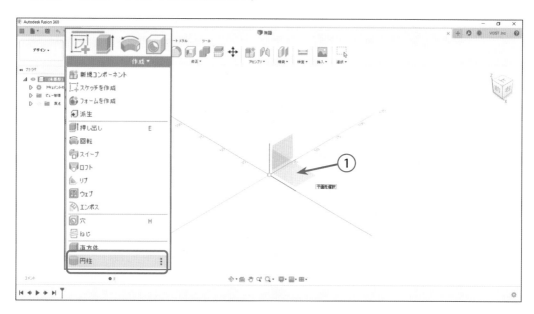

原点から直径 70 mm、高さ 70 mm の円柱を作成します。

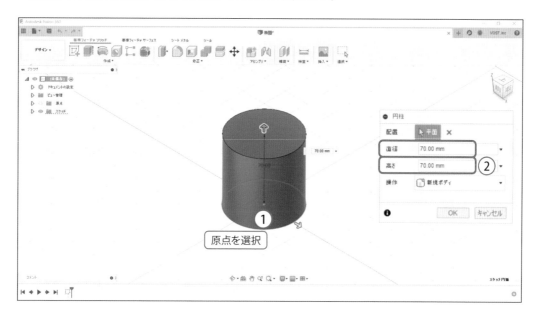

［修正］-［勾配］でXY平面を基準として選択します。

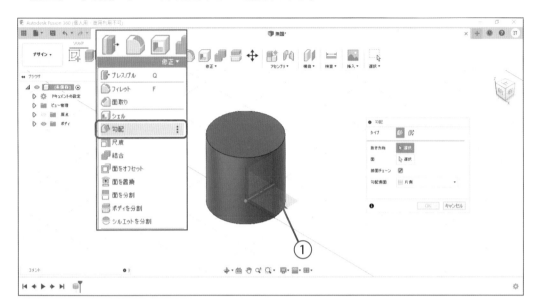

側面を選択し、-15°の角度を付けます。

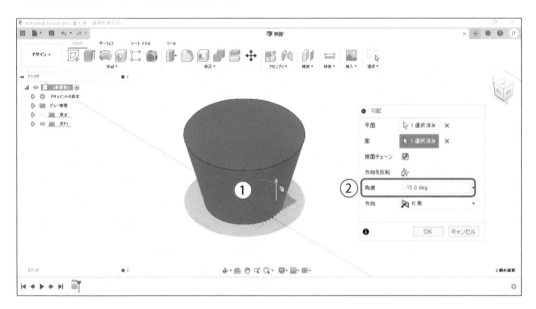

［修正］-［フィレット］で下面のエッジに R5 mm のフィレットを付けます。

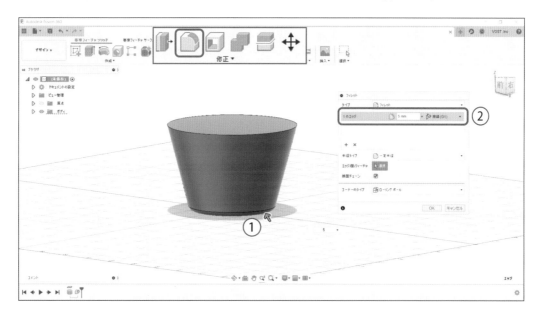

［修正］-［シェル］で上面を選択します。

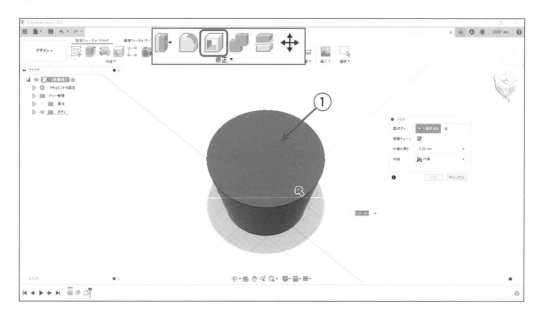

厚みを 2 mm にします。

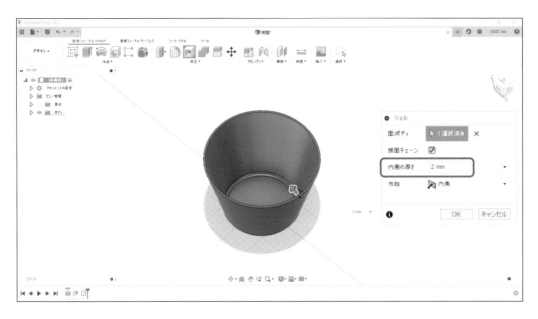

7.3 小物入れの蓋を作成しよう

［作成］‐［スケッチを作成］で横向きの XZ 平面を選択します。

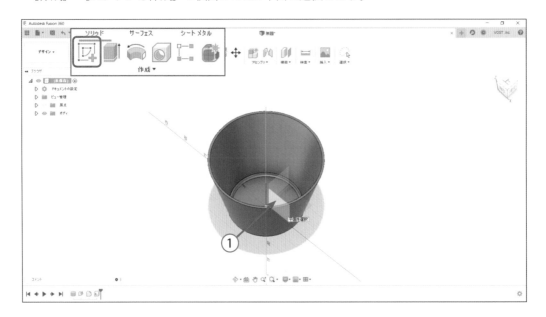

［作成］-［プロジェクト / 含める］-［交差］で「選択フィルタ」を「ボディ」に切り替え、カップを選択し、外形線を投影します。

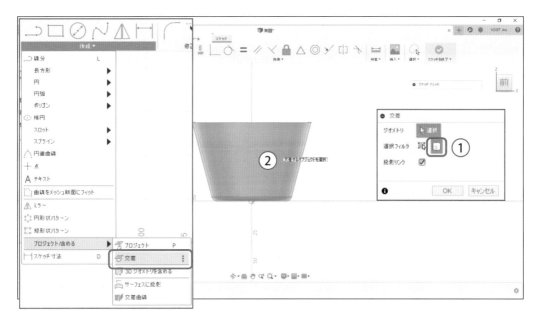

 ［交差］は、作業中のスケッチ平面と、面やボディの交差する位置に曲線を作成するコマンドです。

ブラウザから、カップの「ボディ1」を非表示にしておきます。

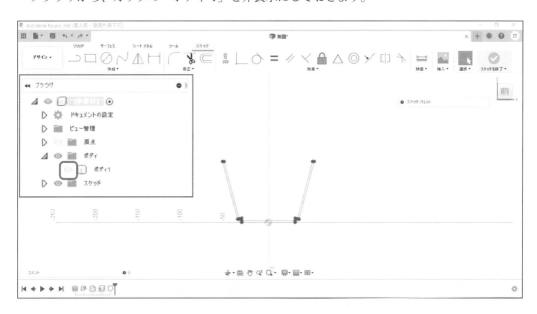

中心に［作成］-［線分］で曲線を作成します。

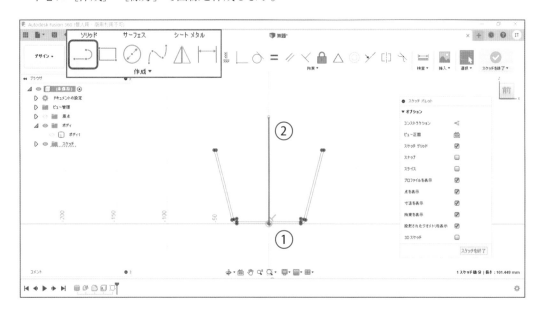

線分を原点から書くことで、自動で拘束が付き、この後に寸法を付ける際に中心線がずれな
くなります。

Esc キーを押すか［選択］を選択してコマンドを何も取っていない状態に戻し、すべての曲
線をドラッグで囲んで、まとめて選択します。

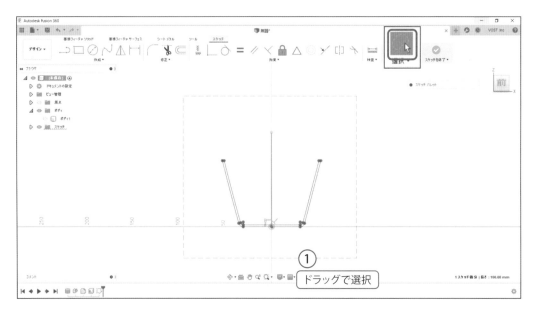

「スケッチ パレット」の［コンストラクション］で基準線にします。

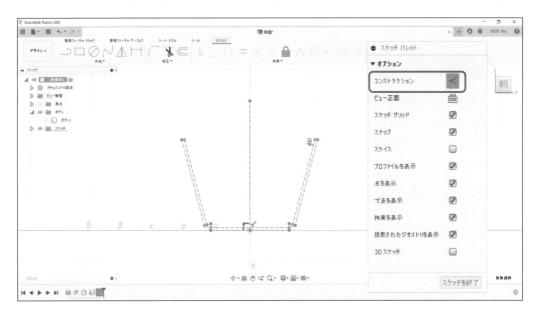

［作成］-［線分］で右側に以下の曲線を作成します。

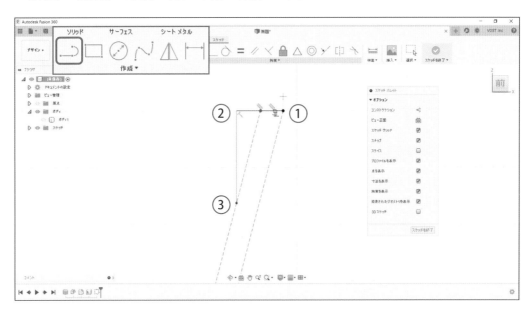

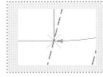　曲線の上にマウスを乗せ、×マークが出た状態でクリックすると、自動で［一致］の拘束が付き、線分の作成が終了します。

続いて、以下の曲線を作成します。

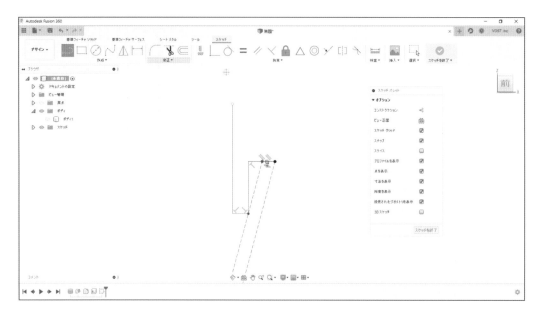

［作成］-［線分］で曲線を描く際に、直角の拘束が付いていない場合は、拘束の［直交］で直角にします。

［作成］-［円弧］-［中心点円弧］で円弧を描きます。①、③は中心の基準線上、②は端点を選択します。

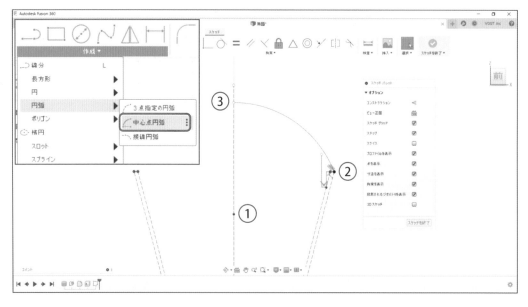

円弧を描く際に、中心線の基準線が短く、③で基準線上が選択できない場合、「拘束」の［一致］で基準線上に拘束します。

同じ中心点を利用して、以下の円弧も描きます。

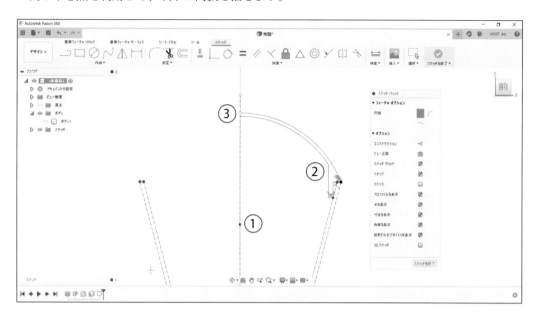

［作成］-［スケッチ寸法］で R100 mm と R98 mm の寸法を付けます。

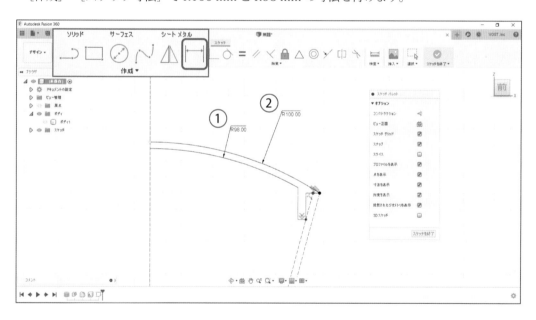

同様に、ふたのフチの高さに 5 mm、フチの幅に 3 mm の寸法を入れます。

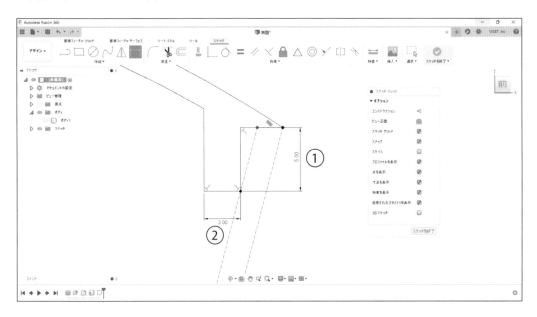

［作成］－［線分］で左側の 2 点を結び閉じた線にし、［スケッチを終了］でスケッチを終了します。

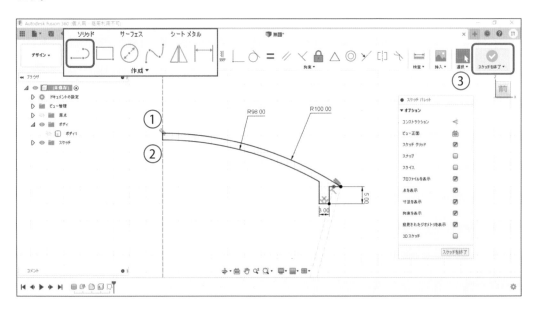

［作成］- ［回転］で回転させた形を作成します。

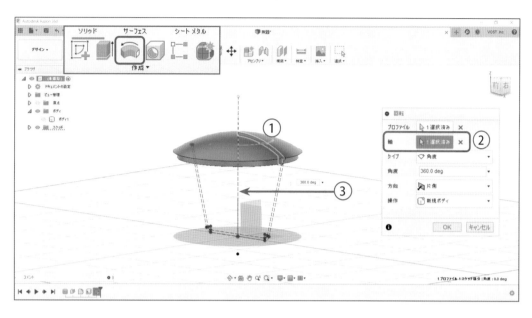

7.4 蓋の装飾を作成しよう

［作成］- ［スケッチを作成］で横向きの XZ 平面を選択します。

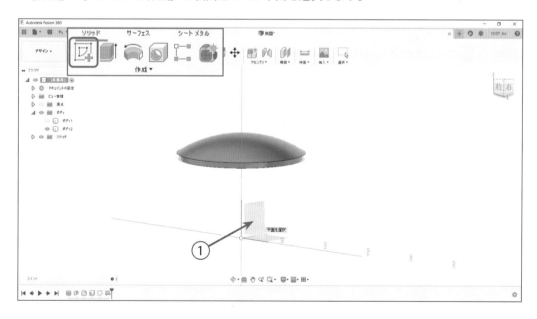

　［作成］- ［スプライン］- ［フィット点スプライン］で［スケッチパレット］で「スライス」の
チェックを入れ、蓋と重なるように外側の花びらの曲線を描き、「スケッチを終了」でスケッチ
を終了します。

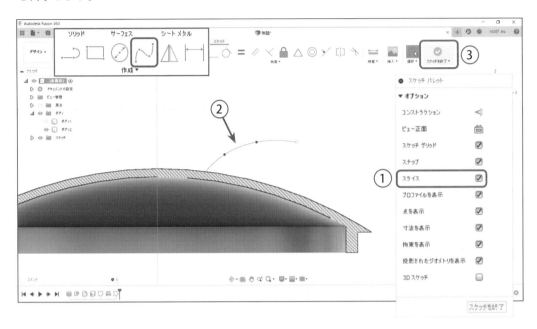

　［作成］- ［フォームを作成］を選択し、フォームモードに切り替えます。

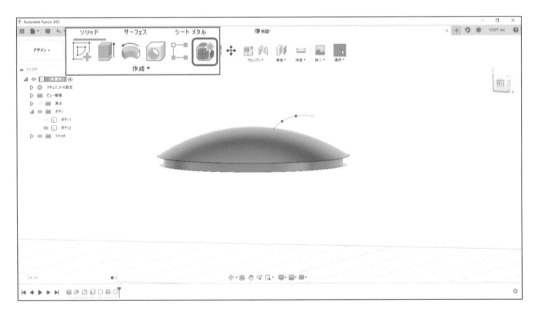

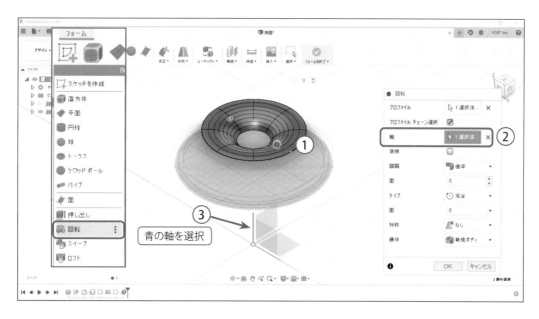

［作成］-［回転］で回転した面を作ります。

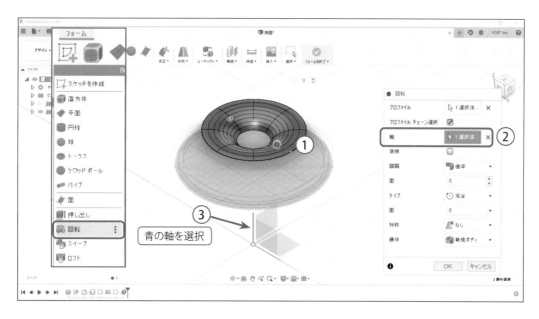

［フォームを終了］でフォームモードを終了します。

［作成］-［スケッチを作成］で下側の XY 平面を選択します。

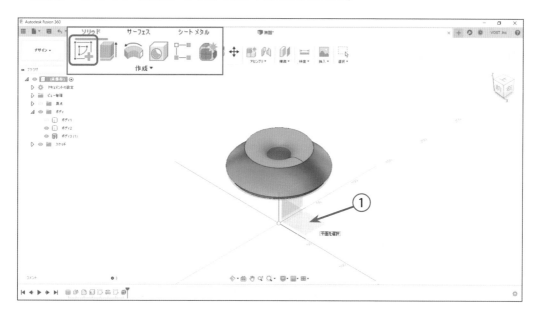

［作成］- ［スプライン］- ［フィット点スプライン］で以下のような花びらの形を描き、［スケッチを終了］でスケッチを終了します。

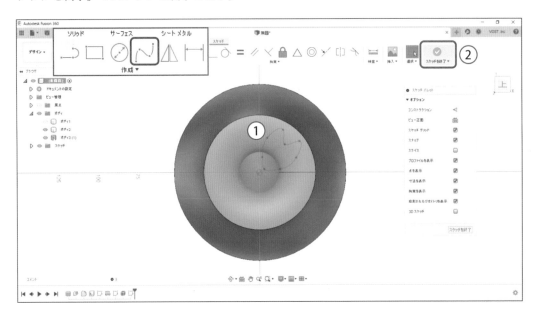

［修正］- ［ボディを分割］で面をカットします。

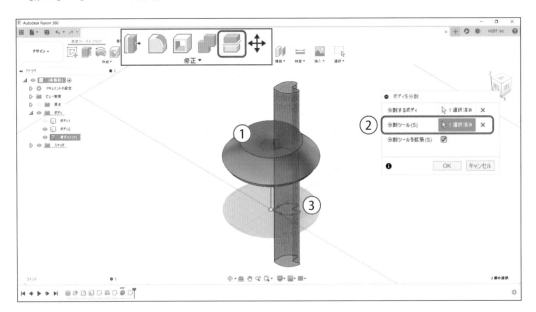

花びら以外の部分をブラウザから、［ボディ］-［ボディ *］を右クリックし、［除去］します。

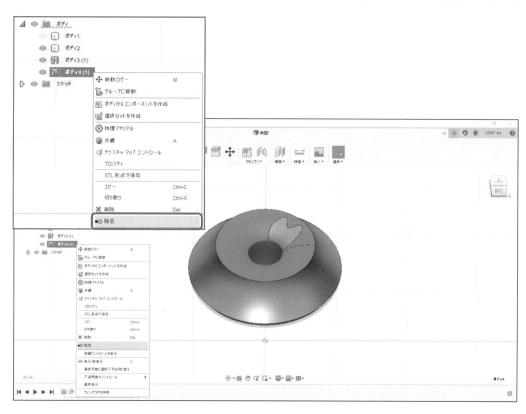

［作成］-［厚み］で花びらに −2 mm の厚みを付けます。

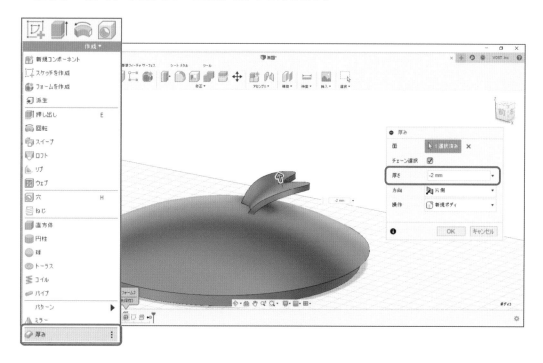

ブラウザで蓋の形状を非表示にします。

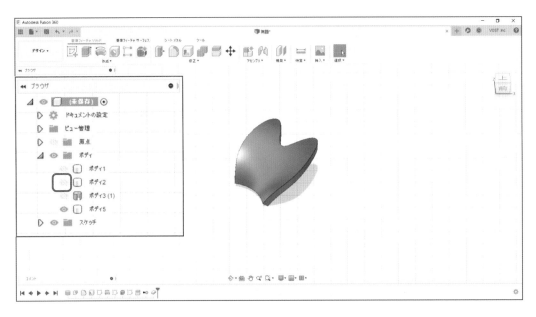

[作成] - [パターン] - [円形状パターン] で「パターンタイプ」を「ボディ」にし、Z軸を中心に、花びらを円形に6つコピーします。

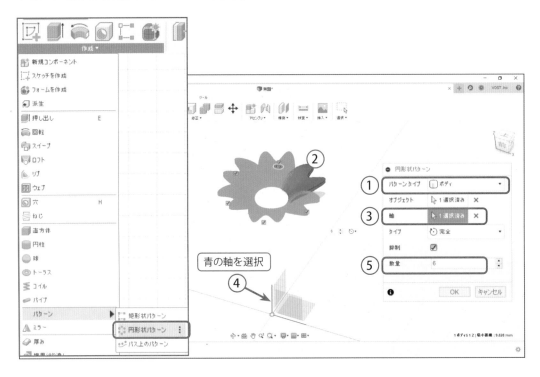

［作成］-［スケッチを作成］で横向きの XZ 平面を選択します。

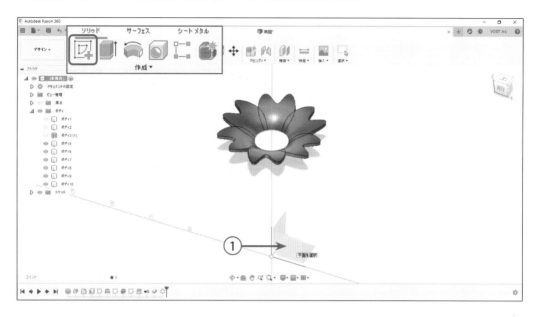

「ボディ 2」を表示し、［スケッチパレット］で「スライス」のチェックを入れ、［作成］-［スプライン］-［フィット点スプライン］で以下のような花びらの曲線を描き、「スケッチを終了」でスケッチを終了します。

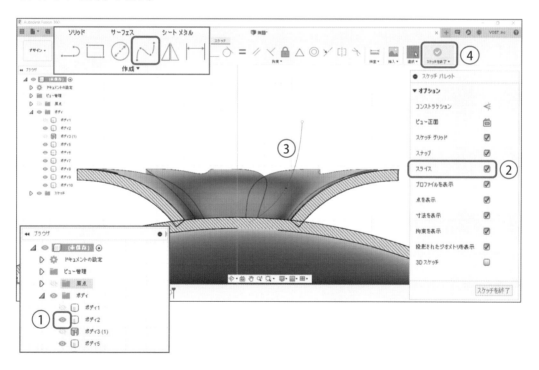

「ボディ2」を非表示にして［作成］-［フォームを作成］でフォームモードに入ります。

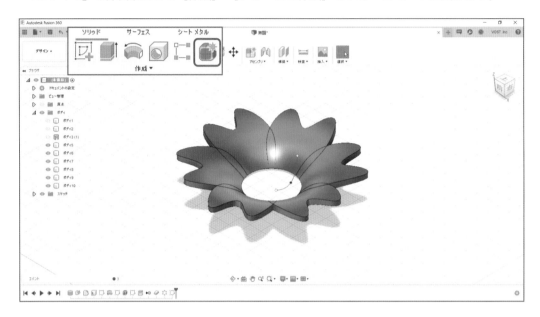

［作成］-［回転］で回転した面を作ります。

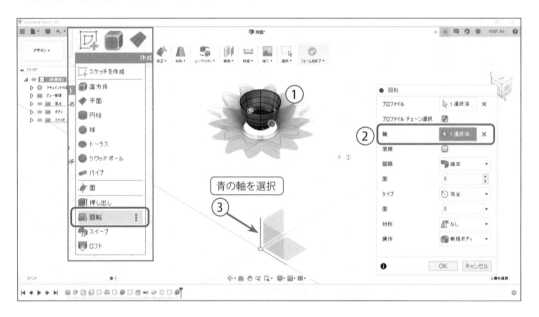

青の軸を選択

［修正］-［フォームを編集］で、右方向の面を花びらのようにくしゃくしゃにします。

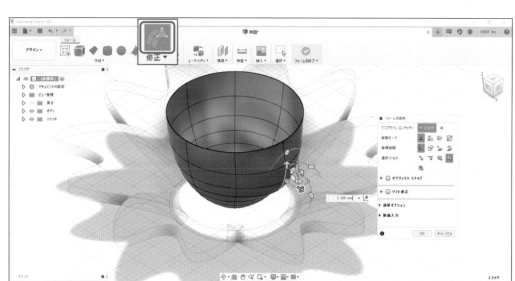

［フォームを終了］でフォームモードを終了します。

　Shift キーを押しながら外側の花びらの［ボディ *］をすべて選択し、右クリック、「表示 / 非表示」で花びらを非表示にします。

［作成］-［スケッチを作成］で左側の YZ 平面を選択します。

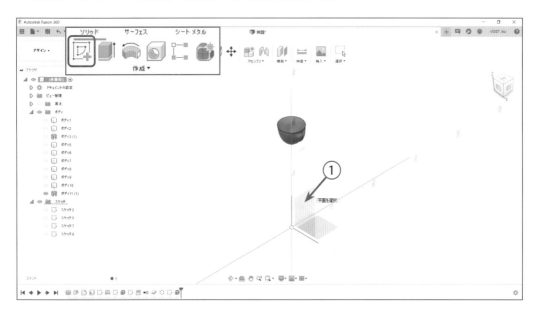

［作成］-［スプライン］-［フィット点スプライン］で以下のような線を描き、［スケッチを終了］でスケッチを終了します。

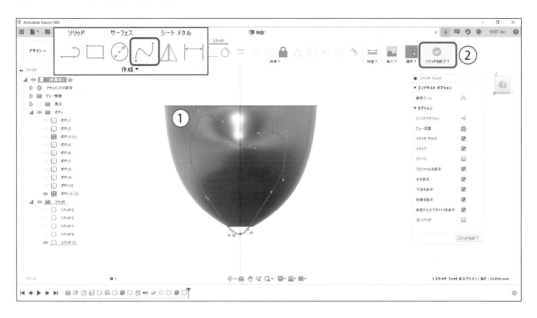

［修正］‐［ボディを分割］でカットします。

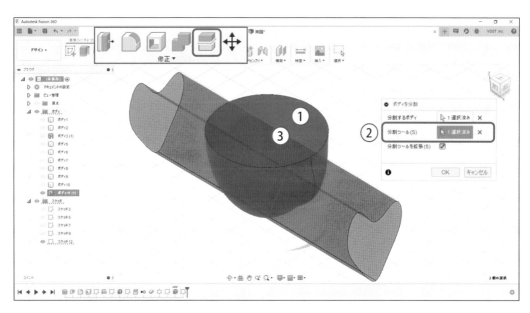

ブラウザから、不要な［ボディ *］を右クリックし、花びらを1枚残して［除去］します。

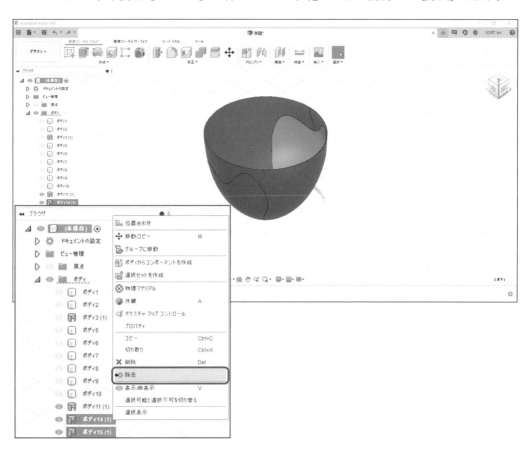

［作成］-［厚み］で花びらに –1 mm の厚みを付けます。

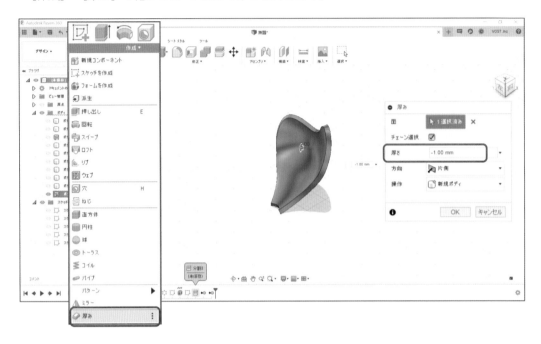

［作成］-［パターン］-［円形状パターン］で「パターンタイプ」を「ボディ」にし、Z 軸を中心に、花びらを円形に 5 つコピーします。

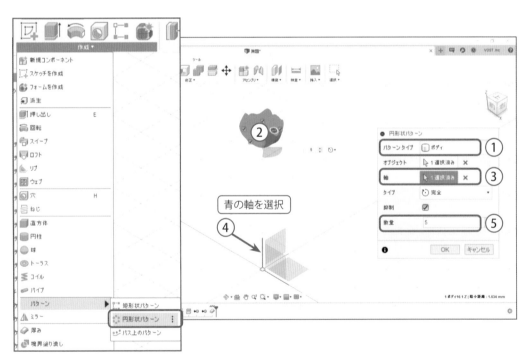

Shift キーを押しながら外側の花びらの［ボディ *］をすべて選択し、右クリック、「表示 / 非表示」で花びらを表示し、全体のバランスを見ながら仕上げていきます。

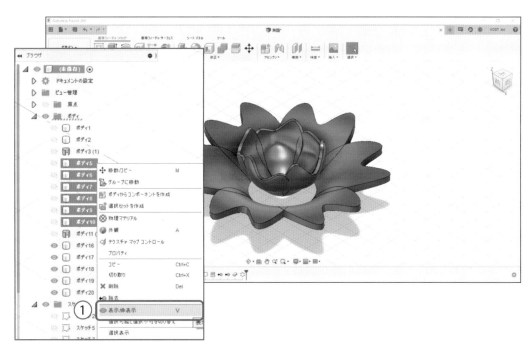

ブラウザで内側の花びらのボディを右クリックし［コピー］します。

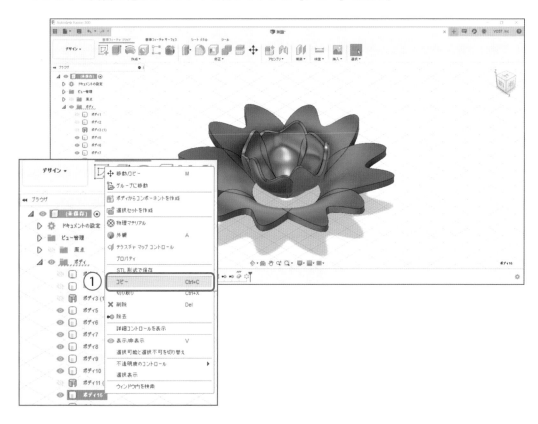

同じボディを右クリックし、[貼り付け] をします。

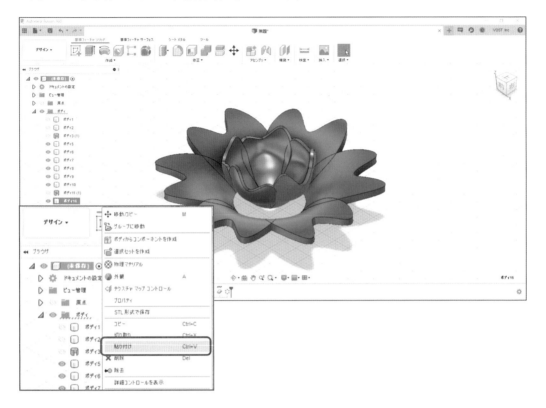

上から見て、外側に移動および回転します。

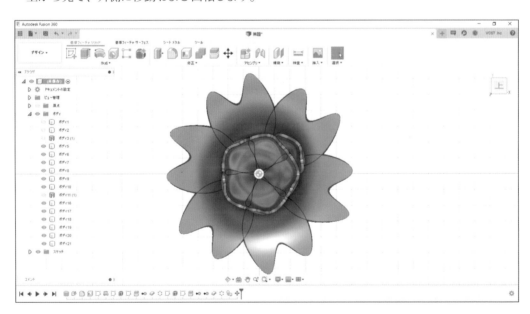

前から見て、移動および回転します。

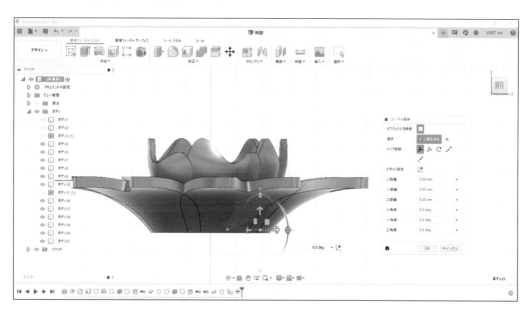

　［作成］-［パターン］-［円形状パターン］で「パターンタイプ」を「ボディ」にし、Z軸を中心に、花びらを円形に8つコピーします。

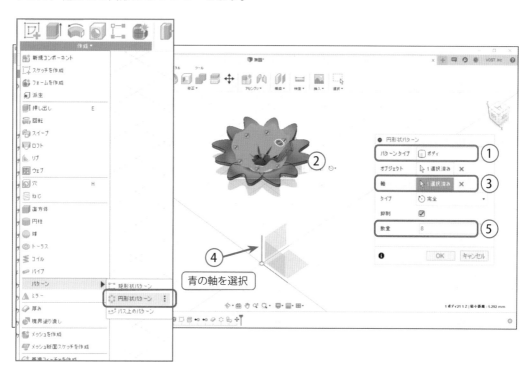

ブラウザで花びらのボディを右クリックし［コピー］します。

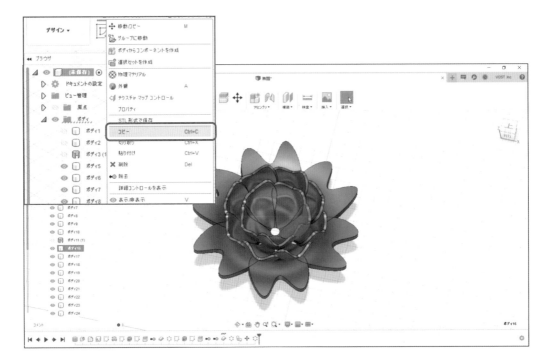

同じボディを右クリックし、［貼り付け］をします。

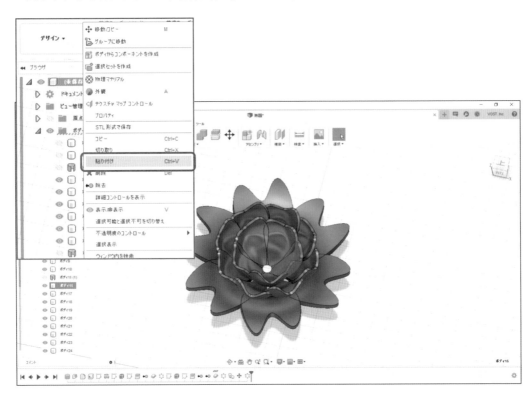

上から見て、内側に移動および回転します。

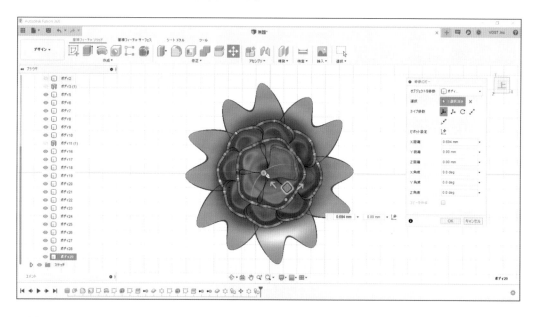

前から見て、移動および回転します。

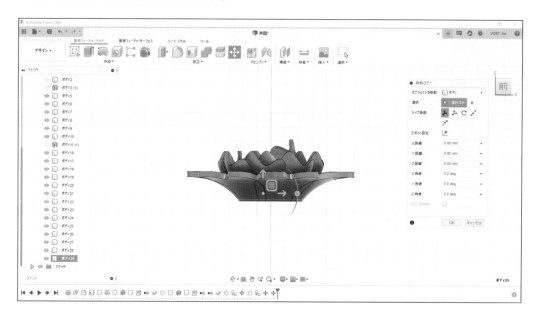

［作成］-［パターン］-［円形状パターン］で「パターンタイプ」を「ボディ」にし、Z軸を中心に、花びらを円形に4つコピーします。

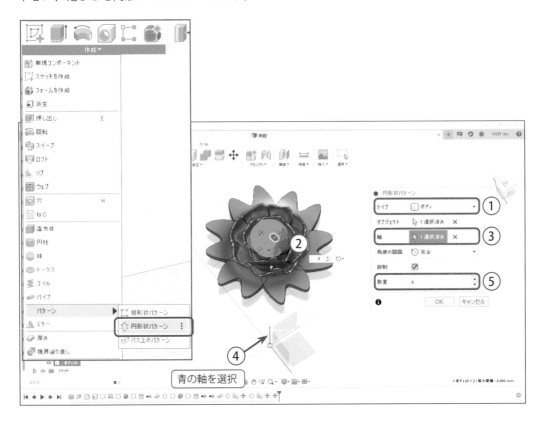

ブラウザで、「ボディ2」の目のアイコンをONにし、表示します。

［修正］-［結合］でふたと花びらを結合します。

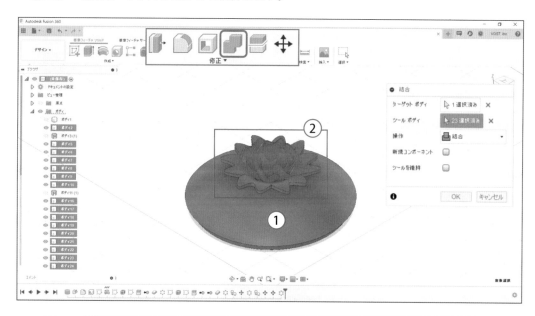

 形状の重なりをすべて計算するため、処理に少し時間がかかる場合があります。

カップを表示させて、完成です。

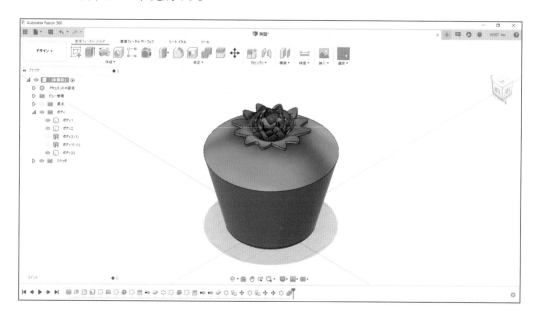

7.5 外観を変えよう

［修正］-［外観］で、「プラスチック」-「不透明」-「プラスチック‐光沢（赤）」を蓋にドラッグ＆ドロップします。

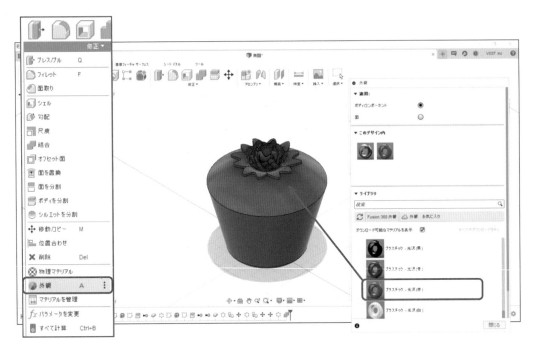

続けて、「ガラス」-「色濃度」-「ガラス‐中間色（青）」を小物入れにドラッグ＆ドロップします。

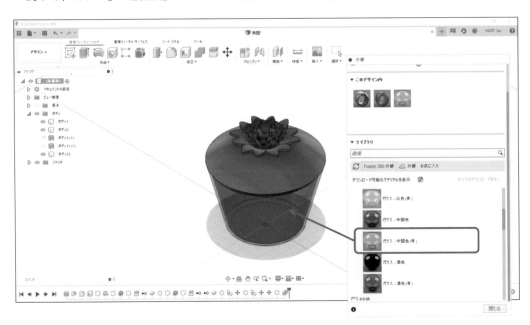

完成です！

7.6 課題『蝶々の香水瓶』

以下の画像の香水瓶を作ってみましょう。

完成品

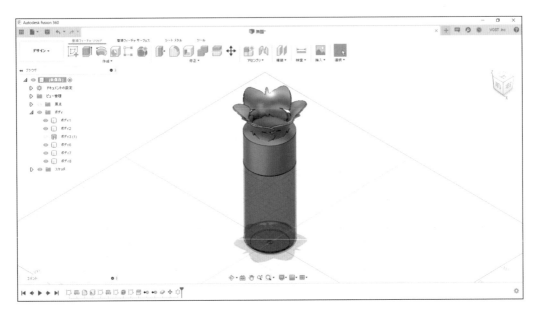

作成の条件

● ボトルのスケッチ

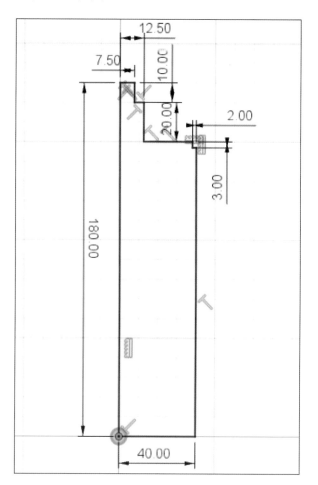

● ボトル底のフィレット半径：10 mm
● ボトルの厚み：2 mm

● 蓋のスケッチ

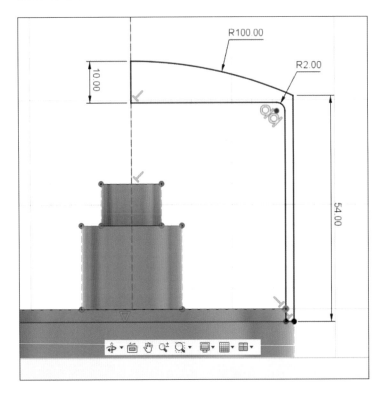

● R100 の円弧の中心点：ボトルの中心線上

● 蓋の角のフィレット半径：2 mm

● 蝶のベースのスケッチ

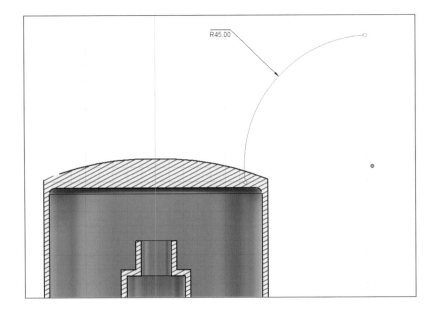

● 蝶のスケッチ

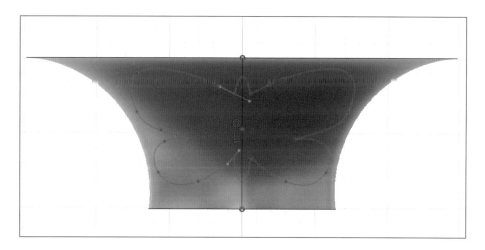

● 蝶の厚み：2mm
● 蝶が重ならないように任意の角度に変更する
● 蝶は円形に3つ並べる

作成のヒント

※以下の作成方法はあくまで一例です。いろいろな作り方を試してみてください。

①蓋のスケッチの上部の円弧は、[中心点円弧]で、中心軸に「一致」させることで形を整えます。

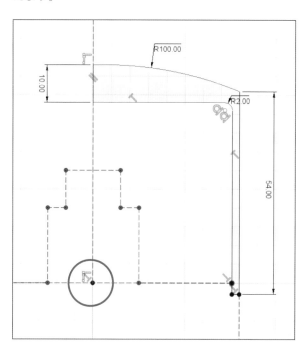

②蝶は中心の体を［楕円］で描き、羽を［スプライン］-［フィット点スプライン］2本で描くと形を整えやすいです。

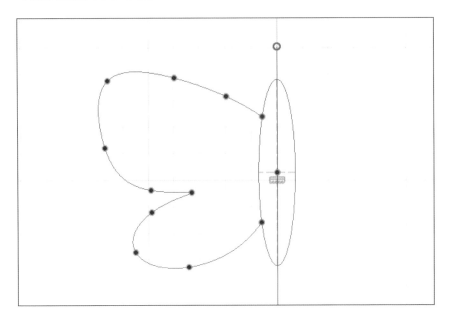

今回のモデル作成のための推奨コマンド

● ［スケッチ］-［線分］
● ［スケッチ］-［円弧］-［中心点円弧］
● ［スケッチ］-［楕円］
● ［スケッチ］-［スプライン］-［フィット点スプライン］
● ［スケッチ］-［フィレット］
● ［スケッチ］-［トリム］
● ［スケッチ］-［ミラー］
● ［スケッチ］-［スケッチ寸法］
● ［作成］-［回転］（［フォーム］モード）
● ［修正］-［ボディを分割］
● ［作成］-［厚み］
● ［作成］-［パターン］-［円形状パターン］
● ［修正］-［フィレット］
● ［修正］-［シェル］
● ［修正］-［結合］
● ［修正］-［移動］

解答

解答は、以下URLにてご紹介しております。

https://cad-kenkyujo.com/book/（「スリプリブック」で検索）

索 引

■ 著者プロフィール

三谷 大暁（みたに・ひろあき）

株式会社 VOST 最高技術責任者

1984 年鳥取県倉吉市生まれ。

横浜国立大学在学中に「ものづくり」に興味を持ち、製造業に飛び込む。

3D CAD/CAM ソフトウェアを通じて多数のコンサルティングの経験を持ち、製品設計・金型設計・マシニング加工等、「設計から製造」までの幅広い業種の知識を生かした現場目線の問題解決を得意とする。

誰でも「ものづくり」ができる世界を目指し、株式会社 VOST の立ち上げメンバーとして参画。

別所 智広（べっしょ・ともひろ）

株式会社 VOST 代表取締役

1983 年東京都豊島区生まれ。

横浜国立大学工学部在学中に独学で経営学を学ぶ。

IT ベンダーにて製造業向けのシステム営業を経験後、3D CAD/CAM メーカーにてテクニカルコンサルティングに従事。

外資系 CAD/CAM メーカーで経験を積む傍ら、企業だけではなく個人が最新技術を活用して「ものづくり」ができる世界を目指し、株式会社 VOST を設立。

坂元 浩二（さかもと・こうじ）

株式会社 VOST DD

1985 年大阪府豊中市生まれ。

武蔵工業大学（現 東京都市大学）にて情報メディアを学ぶ。

CAD 技術者という経歴と海外の放浪経験で培った独特の感性を活かして、WEB 構築やデザインを行う。

日本の「ものづくり」を世界に発信する基地局となることを目指し、株式会社 VOST の立ち上げメンバーとして参画。

協力：大塚 貴、清水 裕子、斉藤 弘太

次世代クラウドベース 3DCAD

フュージョン　スリーシックスティー
Fusion 360 操作ガイド アドバンス編
2021年版

2016 年 4 月 1 日　　　初版第 1 刷発行
2021 年 3 月 20 日　　　第 5 版第 1 刷発行

著　者　　スリプリ（株式会社 VOST）　三谷 大暁／別所 智広／坂元 浩二
発行人　　石塚 勝敏
発　行　　株式会社 カットシステム
　　　　　〒 169-0073 東京都新宿区百人町 4-9-7　新宿ユーエストビル 8F
　　　　　TEL （03）5348-3850　　　FAX （03）5348-3851
　　　　　URL　https://www.cutt.co.jp/
　　　　　振替　00130-6-17174
印　刷　　シナノ書籍印刷 株式会社

本書に関するご意見、ご質問は小社出版部宛まで文書か、sales@cutt.co.jp 宛に
e-mail でお送りください。電話によるお問い合わせはご遠慮ください。また、本書の内
容を超えるご質問にはお答えできませんので、あらかじめご了承ください。

Cover design　Y.Yamaguchi　　　© 2020 三谷大暁／別所智広／坂元浩二
Printed in Japan　ISBN978-4-87783-493-7